LE NOUVEAU MANUEL

DU

SURNUMÉRAIRE.

NOGENT-LE-ROTROU. — IMPRIMERIE DE A. GOUVERNEUR.

LE

NOUVEAU MANUEL

DU

SURNUMÉRAIRE

DANS L'ADMINISTRATION

DE L'ENREGISTREMENT, DES DOMAINES ET DU TIMBRE,

rédigé conformément au programme officiel,

PAR E. BRAULT,

Receveur de l'Enregistrement, des Domaines et du Timbre,
Licencié en droit.

PARIS,
CHEZ VITON, LIBRAIRE,
rue Saint-Dominique-Saint-Germain, 2.

1865

CHAPITRE PRÉLIMINAIRE.

I. Obligations et devoirs des surnuméraires attachés a un bureau de recette. — II. Programme des examens de 1re, de 2e et de 3e année. — III. Devoirs et attributions des surnuméraires appelés a gérer par intérim un bureau ou une conservation; indemnités qui leur sont allouées suivant les divers cas. — IV. Conditions d'aptitude des surnuméraires qui sont appelés a subir le troisième examen.

I. — Nous avons indiqué ailleurs (1) les conditions d'admission au surnumérariat dans l'Administration de l'enregistrement, des domaines et du timbre. Nous empruntons maintenant à l'excellente compilation de M. Em. Bigorne *(manutention et comptabilité, v° Surnuméraire)*, le plus grand nombre des articles suivants relatifs aux obligations des surnuméraires, soit qu'ils travaillent dans les bureaux où ils ont été placés, soit qu'ils aient été appelés à régir, comme intérimaires, les bureaux dont les titulaires sont

(1) *Manuel du Candidat au Surnumérariat*, p. 8 et suiv.

absents par congés ou ont été nommés à d'autres emplois.

MM. les Surnuméraires se pénétreront sans peine de l'importance des obligations qui leur sont imposées, en songeant qu'à la fin de chaque année ils doivent subir un examen sérieux, et qu'après trois, le plus souvent quatre années de surnumérariat, le Comité peut demander la radiation du tableau du nom du surnuméraire déclaré incapable, par sa conduite ou son ignorance, de remplir les fonctions de receveur.

« Nul ne peut être admis aux emplois de l'administration de l'enregistrement et des domaines sans avoir » été surnuméraire. Le nombre des surnuméraires ne peut » dépasser 500 (Règl. du 11 novembre 1863). On ne peut » être nommé surnuméraire après l'âge de 30 ans. Le » temps du surnumérariat est compté seulement du jour » de l'entrée en activité, certifié au pied de l'ordre d'admission par le receveur dans le bureau duquel le surnuméraire a été placé (O. G., art. 3.). Le directeur donne » avis de l'admission au directeur général. Les surnuméraires doivent être assidus au bureau, aux heures fixées » par la loi pour les receveurs. (O. G., art. 4.)

» Le travail des surnuméraires est déterminé par le » receveur au bureau duquel ils sont attachés. (O. G., » art. 5.) Ils sont placés sous sa surveillance et ses ordres » immédiats; ils sont employés successivement à toutes » les opérations du bureau, et dans l'ordre de travail que » le receveur prescrit au surnuméraire; ils doivent suivre, » autant toutefois que les besoins du service le permettent, la division progressive des matières relatives aux » examens. (Inst. n° 1470.) Les receveurs doivent aux » surnuméraires le secours de leurs conseils et de leur » expérience pour le choix et l'emploi des moyens les plus

» propres à développer et fortifier leur instruction. (Circ. du 27 novembre 1835.)

» Dans les villes où les attributions des receveurs sont » divisées, les surnuméraires doivent alterner suivant que » leur instruction et le travail des bureaux l'exigent, et » d'après l'ordre formel du directeur, sans qu'ils puissent » passer plus d'une année dans le même bureau. Aucun » surnuméraire ne peut être appelé dans les bureaux du » directeur qu'après avoir travaillé deux ans dans les » bureaux de recette et avec l'autorisation expresse de » l'Administration. (Circ. R., n° 2044.)

» Toute discussion relative aux perceptions avec les » contribuables et officiers publics est interdite aux surnu- » méraires, excepté dans le cas où ils suppléent le rece- » veur. (O. G., art. 6.) Ils ne doivent signer aucune rela- » tion ou quittance, même en cas d'absence ou de maladie » du receveur, à moins qu'ils ne soient chargés de » l'intérim. (O. G., art. 7.)

» Les surnuméraires ne peuvent s'absenter qu'en vertu » d'un congé délivré par le directeur général, comme il en » est usé à l'égard des préposés. (Inst. n° 752.) Toutefois, » les directeurs sont autorisés à leur accorder des congés, » mais pour le département de leur résidence seulement. (Inst. nos 1049, 1280.)

» Lorsqu'un surnuméraire change de département, le » directeur du département qu'il quitte transmet à son » collègue de celui dans lequel il est transféré, des copies » certifiées des délibérations relatives aux examens subis » par le surnuméraire. Ces copies sont transcrites sur le » registre des délibérations du comité d'examen du dépar- » tement de la nouvelle résidence du surnuméraire. (Inst. n° 1470, art. 9.)

» Une note de renseignemens concernant son personnel » est aussi transmise sans retard. Le modèle de cette note » est annexé à la circulaire du 1er mars 1845 : c'est l'ex- » trait du sommier du personnel. Le surnuméraire doit se » rendre exactement auprès du directeur de son nouveau » département, dans le délai qui lui est assigné. (Inst. nº 1346.)

» Chaque trimestre, les surnuméraires doivent rédiger » une note détaillée des études auxquelles ils se sont livrés, » du travail et des opérations du bureau auxquels ils ont » été employés. Cette note, en double expédition, est » remise au receveur qui la joint au tableau trimestriel de » la situation des sommiers; celui-ci doit s'expliquer, à » l'article de ce tableau relatif aux surnuméraires, sur » l'exactitude de la note de travail, sur l'assiduité et le » degré d'instruction du surnuméraire. Un des doubles de » la note de travail est renvoyé avec le double du tableau » trimestriel; il est conservé au bureau et représenté aux » employés supérieurs qui y viennent en opération. (Inst. nº 1470.)

» Les employés supérieurs font travailler, sous leurs » yeux, les surnuméraires aux enregistrements d'actes et » aux opérations dont ils se sont occupés, suivant leur » dernière note de travail; ils leur adressent des questions » sur les diverses parties du service, et dans les notes qu'ils » délivrent, ils font connaître leur opinion sur leur ins- » truction. » (Inst. nº 1470; circ. du 27 novembre 1835.)

II. — « Aucun surnuméraire ne peut être nommé re- » ceveur qu'après avoir été déclaré apte à régir un bureau » par un comité d'examen composé, savoir : du directeur » du département; d'un inspecteur de première ou de deu-

» xième classe, qui, en cas d'absence du chef-lieu du » département, peut être remplacé par un vérificateur que » le directeur désigne; d'un receveur du chef-lieu du » département désigné par le directeur. (Inst. n° 1470; » circ. du 27 novembre 1835.) Le premier commis de la » direction ne fait point partie du comité et ne peut y être » admis comme secrétaire. (Circ. du 14 mai 1835.) Le » comité de l'examen se réunit, dans le courant du mois » de juin de chaque année, au chef-lieu du département, » sous la présidence du directeur, qui fixe le jour de la » réunion. (Inst. n° 1470).

» Les surnuméraires subissent trois examens, au moins » d'année en année. Ceux dont l'admission remonte à plus » de six mois ont la faculté de se présenter à l'examen de » première année. (Inst. n° 1470.) On admet à l'examen » de seconde année ceux qui comptent plus de dix-huit » mois, et à l'examen de troisième année les surnumé- » raires qui ont travaillé plus de deux ans et demi en cette » qualité. (Circ. des 14 mai et 29 novembre 1835.)

» Les examens consistent : 1° en interrogations et » réponses verbales sur les diverses matières de perception, » de manutention et de comptabilité d'un bureau; 2° en » opérations écrites en présence des examinateurs. » (Inst. 1470.)

Programme de ces examens.

I. EXAMEN DE LA PREMIÈRE ANNÉE. — Organisation de l'administration; — impôts et produits dont la perception lui est confiée; — attributions, devoirs et obligations des différentes classes d'employés.

Enregistrement. — Nature et origine de cet impôt; — lois qui le régissent actuellement; — principes généraux sur son application ; — distinction des droits fixes et proportionnels ; — dispositions des neuf premiers titres de la loi du 22 frimaire an VII ; — tarif des droits pour toute espèce d'actes et de mutations.

Timbre. — Diverses espèces de timbre ; — timbre des actes civils et judiciaires, proportionnel et de dimension ; des annonces et affiches ; des journaux et écrits périodiques ; — des polices d'assurances ; — des lettres de voiture ; visa pour valoir timbre ; — lois qui régissent chaque espèce de timbre.

Code Napoléon. — Livre II : titre Ier, de la distinction des biens ; — titre II, de la propriété ; — titre III, de l'usufruit, de l'usage et de l'habitation.

Opérations en présence des examinateurs. — Enregistrement d'un acte contenant une seule disposition d'une nature simple et nettement déterminée ; — déclaration d'une succession composée de biens de différentes natures sans complication de legs particuliers ni de communauté entre époux ; — rédaction d'une contrainte.

II. EXAMEN DE LA DEUXIÈME ANNÉE. — *Comptabilité et manutention d'un bureau :* Caisse ; — papiers timbrés ; — registres de dépenses ; — fonds de subvention ; — versements ; — bordereau de recette et dépense par mois ; — compte par année ; — responsabilité des receveurs ; — sommiers et registres de recette des droits et produits constatés ; — sommier des découvertes à éclaircir ; — sommiers des droits certains, des droits en débet, etc., etc.

Tables alphabétiques : leur utilité pour les recherches et la découverte des droits célés au Trésor.

Renvois d'enregistrement d'actes à d'autres bureaux : leur utilité.

Recouvrements : différents modes de poursuite suivant la nature des produits.

Droits de greffe : Application des droits et décrets relatifs à cette perception.

Notariat : Loi du 25 ventôse an XI; — contraventions à relever par les préposés; — mode de poursuites.

Ventes publiques de meubles : Loi du 22 pluviôse an VII; — déclaration préalable; — contraventions; — mode de les constater.

Code Napoléon : Livre III, titre Ier, des successions; — titre II, des donations entre vifs et des testaments; — titre III, des contrats et obligations.

Opérations en présence des examinateurs : Enregistrement d'actes contenant plusieurs dispositions; — déclaration d'une succession soumise à une liquidation de communauté entre époux; — rédaction d'un procès-verbal de contravention; — d'un bordereau de recettes et dépenses par mois.

III. EXAMEN DE LA TROISIÈME ANNÉE. — *Hypothèques :* Lois sur cette matière; — registres des formalités hypothécaires; — droits au profit du trésor; — salaires des conservateurs; leur responsabilité.

Code Napoléon : Livre III, titre V, du contrat de mariage; — titre VI, de la vente; — titre VII, de l'échange; — titre VIII, du contrat de louage; — titre XVIII, des priviléges et hypothèques.

Code de procédure civile : Ire partie, livre V, de l'exécution des jugements.

Code de commerce : Livre Ier, titre III, des sociétés; — titre VIII, de la lettre de change et du billet à ordre.

Code forestier : Titre Ier, du régime forestier; — titre

III, des bois et forêts qui font partie des domaines de l'État; — titre XIII, de l'exécution des jugements.

Domaines : Lois principales sur cette matière; — ventes et baux de domaines de l'État; — ventes d'effets mobiliers appartenant à l'État; — Recouvrements et mode de poursuites; — affectation et droits d'usage dans les forêts de l'État; — successions dévolues à l'État en qualité de successeur irrégulier; — épaves, séquestre et administration des biens des contumaces.

Opérations en présence des examinateurs : Enregistrement d'actes et de jugements compliqués; — déclaration d'une succession grevée de legs particuliers de sommes d'argent n'existant point en nature dans l'actif; — rédaction d'un rapport sur une perception critiquée ou d'un mémoire dans une instance relative à un droit contesté. (Inst. nos 1470-1534.)

« Les examens des deux dernières années ne doivent » pas être strictement renfermés dans les matières qui » leur sont spécialement assignées par ce programme. A » l'examen de deuxième année, le surnuméraire peut être » interrogé sur les matières de la première année; il doit » même l'être sur celles à l'égard desquelles son premier » examen n'aurait pas été parfaitement satisfaisant. Les » surnuméraires qui se présentent à l'examen de la troi- » sième année doivent répondre aux questions sur toutes » les matières du programme.

» On a compris parmi ces matières certaines parties des » codes Napoléon et de Commerce, dont la connaissance » est nécessaire pour l'application raisonnée des droits » d'enregistrement. *Il importe de faire observer qu'on » n'exige pas des surnuméraires l'explication théorique*

» *des dispositions des codes, mais seulement les notions* » *essentielles et générales qui servent de bases à la perception de cet impôt*. Ainsi, par exemple, des droits » distincts sont établis pour les transmissions des biens » meubles ou immeubles, de propriété ou d'usufruit d'im- » meubles; il est donc indispensable de connaître les » différentes espèces de biens définis par la loi civile, la » nature de la propriété et de l'usufruit. — Les droits de » mutation par décès sont réglés suivant le degré de » parenté du défunt et de ses héritiers ou légataires; de là » l'obligation de s'instruire des divers ordres de succes- » sion, des règles relatives à l'acceptation ou à la renon- » ciation des héritiers ou légataires, etc.

» Toutes les quotités de droits sur les actes sont fixées » d'après la nature des contrats ou obligations, il faut » donc savoir les caractères distinctifs de chaque espèce » de contrat, les conditions nécessaires à sa perfection, » celles qui ont pour objet de suspendre son exécution ou » d'opérer sa résolution. C'est dans les limites de ces » relations spéciales de la loi de l'impôt et de la loi civile » que doivent se renfermer, quant à celle-ci, les questions » que les examinateurs adressent aux surnuméraires. (Inst. nº 1470.)

» Du reste, en déterminant les parties du Code Napoléon » sur lesquelles doivent spécialement porter les examens, » l'administration n'a point entendu restreindre à ces » matières les études des surnuméraires; son intention » est, au contraire, que ces études s'étendent à toutes les » parties du Code. Elle a seulement indiqué celles qui pré- » sentent les notions les plus générales ou qu'il importe le » plus aux préposés de connaître. (Inst. nº 1534.)

» Après chaque examen, le comité doit exprimer son

» opinion sur le degré d'instruction du surnuméraire par » une délibération qui est transcrite sur un registre tenu » à cet effet, et qui est signé par tous les examinateurs. » Elle indique les parties de l'examen auxquelles il a été » plus ou moins bien satisfait. Le surnuméraire est informé » par le directeur de l'opinion émise à son égard par le » comité.

» En ce qui concerne particulièrement le surnuméraire » qui vient de subir l'examen de la troisième année, la » délibération du comité doit contenir en outre la décla» ration expresse qu'il est ou n'est pas apte à régir un » bureau. Les délibérations du comité d'examen sont » prises à la majorité des voix. (Inst. nº 1470, art. 6.)

» Les directeurs adressent, le 1er juillet de chaque année, » au directeur général, des copies certifiées des délibé» rations du comité d'examen des surnuméraires. Ils joi» gnent aux délibérations concernant les surnuméraires » qui ont passé l'examen de la troisième année, les opé» rations écrites, faites sous les yeux des examinateurs » (Inst. nº 1470, art. 7); *ces opérations doivent être » adressées en originaux.* » (Circ. du 14 mai 1835.)

III. — « En cas de vacance d'emploi ou d'absence d'em» ployés, les surnuméraires peuvent être appelés à rem» placer les receveurs, à moins que l'importance du bureau » ou d'autres motifs n'exigent la présence d'un employé » supérieur. (Loi du 27 novembre 1791, art. 53; O. G., » art. 15 et 21.)

» Le remplaçant ne peut être pris que parmi les surnu» méraires en état de régir, c'est-à-dire âgés de 21 ans (O. » G., art. 8), et notés comme capables. Le surnuméraire » appelé doit prêter le serment prescrit par la loi, avant

» d'entrer en fonctions, devant le juge de paix du canton » où il doit exercer. (O. G., art. 7.) Ce serment doit lui » servir pour tous les intérim qui peuvent lui être ulté» rieurement confiés. Mais lorsqu'il est nommé receveur, » il est obligé de prêter un nouveau serment, *comme » employé salarié par l'Etat.* (Inst. nº 1539, art. 8)

» Une décision du ministre des finances du 15 sep» tembre 1834, affranchit les receveurs de toute respon» sabilité à l'égard de la gestion des surnuméraires qui ont » été chargés de l'intérim du bureau. (Inst. nº 1464)

» Les surnuméraires auxquels des régies sont confiées » *par suite de congés* reçoivent une indemnité, à titre de » frais d'intérim, de un à deux francs par jour, sur la » proposition du directeur. (D. M. F., 26 décembre 1854.) » Lorsqu'il s'agit de l'intérim d'une conservation, l'inté» rimaire a droit à la moitié de l'émolument net perçu » pendant la durée du congé. (Décret du 15 octobre 1862; » Inst. nº 2235.) Lorsque le congé emporte retenue, les » frais d'intérim sont précomptés jusqu'à due concurrence » sur la somme affectée au service des pensions, sauf au » titulaire à les compléter en cas d'insuffisance de la » retenue. Ce prélèvement est justifié par la quittance du » surnuméraire visée par le directeur, laquelle doit être » annexée au bordereau de liquidation de la remise.

» Quant aux congés gratuits, ils ne doivent être accordés » que sous la condition, pour le receveur et le conser» vateur des hypothèques, de supporter sur ses remises ou » salaires l'indemnité dont il s'agit. Pour déterminer le » chiffre de cette indemnité, les directeurs ont égard aux » frais de déplacement qui sont à la charge des surnumé» raires, ainsi qu'à l'importance des bureaux à régir. Il » est bien entendu que les frais de bureau restent, dans

» tous les cas, à la charge des comptables titulaires, con-
» formément à la décision du 3 juillet 1854. (Inst. n° 2006 qui a abrogé celle du 15 septembre 1836.)

» *En cas de vacances d'emplois*, le surnuméraire chargé
» de l'intérim a droit à la totalité des remises ou salaires
» (Inst. nos 295, 1280); mais il est tenu de faire face
» aux frais de bureau, à quelque somme qu'ils s'élèvent,
» et dès lors il n'y a pas lieu de lui allouer l'indemnité
» fixée par la décision du 26 décembre 1854. (Inst. n° 2023, art. 1er.)

» Le surnuméraire entrant en fonctions rédige, de con-
» cert avec le titulaire du bureau ou l'employé, quel qu'il
» soit, qui en a la gestion au moment de son installation,
» un compte de clerc à maître; ce compte, rédigé d'après
» le modèle des comptes annuels, rappelle l'excédant des
» recettes résultant du dernier compte formé pour la Cour
» et énonce sommairement les recettes et les dépenses
» faites par le receveur sortant.

» Les recettes consignées sur chacun des registres de
» perception doivent être constatées par des procès-ver-
» baux rédigés à la suite du dernier enregistrement ou
» arrêté quotidien, et dans une case spéciale si le registre
» est divisé par cases.

» Le produit de la débite des papiers timbrés, des tim-
» bres mobiles et des passeports, est établi au vu des quan-
» tités restant en nature et dans le bordereau particulier
» qui est signé des deux comptables.

» Les dépenses de toute nature, depuis le dernier
» compte, justifiées, soit par des pièces originales, soit
» par des lettres annonçant leur réception, soit par les
» accusés de crédit, sont détaillées dans un cadre spécial.

» Le compte de clerc à maître fait aussi connaître la » situation des avances à charge de recouvrement ou de » régularisation au jour de la séparation de la gestion. » Cette situation doit présenter des résultats conformes à » ceux du sommier et du registre de recette des opérations » de trésorerie ; elle est suivie d'un inventaire des pièces » justificatives des avances restant à recouvrer, et que le » receveur sortant remet à son successeur qui lui en donne » décharge et en demeure responsable. Relativement » aux frais de justice militaire ou maritime, le rendant » compte doit justifier du récépissé qu'il a demandé à » cette occasion au sous-intendant ou au commissaire de » la marine, du bordereau et des taxes à témoins qui sont » entre leurs mains, et ce récépissé est mentionné avec les » autres pièces du compte. Il est dressé quatre (le plus » souvent trois seulement) expéditions du compte dont » deux sont envoyées au directeur. (Inst. 985 et 1688; » circ. des 12 décembre 1835 et 9 juin 1860, nos 38 et 102.) » A ces deux expéditions doivent être joints : 1° un certificat » constatant la situation des tables et sommiers au mo- » ment de l'installation, et l'état matériel des archives du » bureau ; 2° le double de l'inventaire de ces archives.

» Les gardes-magasins du timbre rendent à leurs suc- » cesseurs, en cas de mutation, un compte de clerc à » maître d'après les règles établies ci-dessus, sur des » imprimés spéciaux. »

IV. — « Dans le cas où, après avoir subi l'examen de » la troisième année, un surnuméraire n'est point déclaré » capable de régir un bureau, le comité propose ou le » renvoi à un dernier examen ou la radiation du tableau » des surnuméraires. Le directeur transmet, avec ses

» observations, l'extrait de cette délibération et les opéra-
» tions écrites du surnuméraire à l'Administration qui
» statue. (Inst. n° 1470, art. 8.)

» Tout surnuméraire déclaré apte à régir un bureau est
» nommé à son tour. Aucun surnuméraire ne peut être
» nommé à un emploi avant d'avoir atteint l'âge de 21 ans.

» Tout surnuméraire nommé à un bureau doit, dans les
» cinq jours pour une distance de 60 lieues et au-dessous,
» et dans les huit jours pour une distance au-dessus de 60
» lieues, à partir de la date de la lettre d'avis de sa nomi-
» nation à un emploi, faire connaître au directeur général
» s'il accepte cet emploi et, dans le cas de l'affirmative,
» indiquer avec précision le jour de son départ pour sa
» destination, et approximativement celui de son arrivée
» auprès du directeur du département où il est appelé. —
» Si le délai dans lequel le surnuméraire doit être rendu à
» sa destination n'est point indiqué dans la lettre d'avis de
» sa nomination, ce délai ne peut excéder vingt jours à
» compter de la date de cette lettre. (Inst. n° 1346.)

» Aux termes de la circulaire du 1er mars 1845, le
» directeur transmet à son collègue du département où
» le surnuméraire est nommé, l'extrait du sommier des
» surnuméraires pour le personnel. »

EXAMEN DE LA PREMIÈRE ANNÉE.

CHAPITRE Ier.

Partie écrite.

I. Libellé d'un acte de vente contenant une seule disposition. — Modèle d'enregistrement et observations. — II. Note remise à l'appui d'une déclaration de succession sans liquidation de communauté. — Modèle de déclaration et observations. — III. Remarques générales sur la contrainte en matière de recouvrement de droits d'enregistrement. — Modèle de contrainte.

I. *Enregistrement d'un acte contenant une seule disposition d'une nature simple et nettement déterminée.*

Le maximum de points accordé pour cette épreuve est 4.

Observation générale. L'opération matérielle appelée *enregistrement* consiste dans la relation sur des registres à ce destinés des divers actes et mutations.

L'enregistrement n'a point pour objet la transcription littérale de ces actes et mutations (certains actes sous seings privés sont toutefois exceptés de la règle générale), mais bien une analyse raisonnée des dispositions qu'ils contiennent, besogne intelligente qui exige, même en dehors de cet autre travail consistant dans la saine application de la législation fiscale, un véritable travail d'esprit.

Deux écueils se présentent également dans l'accomplissement de cette opération préliminaire : ou trop de prolixité, ou trop de concision, et il est important d'éviter l'un et l'autre.

En effet, si les employés de l'Administration ont une double mission à remplir : celle de prélever chaque année, comme agents de perception, au profit du Trésor, une contribution d'environ trois cents millions de francs, et celle aussi d'exercer, au moyen de la formalité donnée aux actes authentiques, un contrôle efficace sur le ministère des officiers publics, rédacteurs de ces actes, ou de donner une date certaine aux actes sous signatures privées; il est évident qu'ils manqueraient à une partie de leurs obligations si, par une analyse informe ou trop succincte des actes par eux enregistrés, ils rendaient ce contrôle impossible ou du moins très-difficile.

MM. les Surnuméraires feront donc bien de prendre de bonne heure l'habitude d'analyser avec soin un grand nombre d'actes, puis de comparer leur analyse avec celle du receveur sous les ordres duquel ils se trouveront placés. Grâce à cet exercice répété plusieurs fois, ils acquerront, sinon la science de la perception, du moins une véritable facilité à distinguer d'un coup-d'œil et sans fatigue les parties des actes à relater, de toute nécessité, dans leurs enregistrements de celles qu'ils pourront passer sous silence sans courir le risque d'être accusés d'obscurité.

C'est ainsi du reste que nous nous sommes efforcé de présenter une analyse complète, quoique concise, de tous les actes dont le libellé précède chacun de nos enregistrements.

Nous avons dit plus haut que cette faculté d'analyser au lieu de transcrire les actes présentés à la formalité souffrait toutefois une exception. Certains actes sous signatures privées, les contrats *synallagmatiques* ou *bilatéraux* par exemple (1), doivent être transcrits en entier, qu'ils aient pour objet des valeurs mobilières aussi bien que des valeurs immobilières.

Pour les actes unilatéraux : procurations, quittances, reconnaissances de dettes, etc., ils sont soumis à l'enregistrement par analyse. Toutefois, il arrive que des contrats intitulés *conventions, transactions*, contiennent des stipulations tellement obscures que l'analyse, même la plus rigoureuse, pourrait en modifier le sens et la portée. Dans de pareils cas, MM. les Surnuméraires feront bien de transcrire littéralement les parties de ces actes qui leur paraîtraient pouvoir soulever ultérieurement quelques difficultés d'interprétation.

Enfin, ils ne devront pas oublier qu'aux termes des ordres généraux de régie et des inst. nos 290 et 1351, les enregistrements doivent énoncer toutes les dispositions des actes, qu'elles donnent ou non ouverture à des droits, et présenter tous les renseignements nécessaires au service des tables alphabétiques. La nature de l'acte et les noms des parties doivent être en lettres majuscules; les sommes et valeurs doivent être énoncées en toutes lettres, et dans le cas de radiation d'un mot, la rature doit être approuvée.

(1) Code Napoléon. Art. 1102. Le contrat est *synallagmatique* ou *bilatéral* lorsque les contractants s'obligent réciproquement les uns envers les autres.

Art. 1103. Il est *unilatéral* lorsqu'une ou plusieurs personnes sont obligées envers une ou plusieurs autres, sans que de la part de ces dernières il y ait d'engagement.

La somme du droit perçu pour chaque disposition est écrite en toutes lettres et ensuite tirée hors ligne en chiffres. Enfin, chaque enregistrement doit indiquer le nombre des rôles, des renvois et des mots nuls, lesquels seront paraphés par le receveur sur la minute de l'acte enregistré.

I. VENTE.

Par devant Me L..., notaire à Champtoceaux et son collègue, soussigné,

Fut présent :

M. Pierre Aubert, cultivateur, demeurant au village du Pommier, commune de la Varenne,

Lequel a, par ces présentes, vendu, cédé et transporté avec toutes garanties de fait et de droit, priviléges, hypothèques, évictions et tous autres empêchements quelconques,

A M. Julien Cadiou, cultivateur, demeurant au village de la Renardière, commune de la Varenne, présent et acceptant;

Une parcelle de terre labourable, nommée l'Ouche-du-Plantis, contenant environ onze ares, bornée au nord par les issues, au levant et au midi Gaudron et Jouis, et au couchant le chemin communal, et située commune de la Varenne.

Telle d'ailleurs que la dite parcelle se poursuit, étend et comporte avec toutes ses appartenances et dépendances sans exception ni réserve.

Cette parcelle de terre appartient à M. Aubert pour l'avoir acquise de Joseph Corbet, menuisier, demeurant à Chantenay, près Nantes, suivant acte reçu par Me Gardais, notaire à Champtoceaux, en date du vingt-six juillet mil huit cent cinquante-sept, enregistré;

M. Corbet en était lui-même propriétaire pour l'avoir recueillie dans la succession de Mathurin Corbet, son père, suivant acte de partage passé devant Me Gardais, ancien notaire à Champtoceaux, le sept janvier mil huit cent cinquante-et-un, enregistré.

L'acquéreur entrera en jouissance le premier novembre mil huit cent soixante-trois.

Cette vente est faite aux charges, clauses et conditions suivantes que l'acquéreur s'engage à exécuter :

1° Il prendra les dits immeubles dans l'état où ils se trouvent, sans garantie ni de l'état de culture ni de l'état d'entretien;

2° Il acquittera toutes les contributions à partir de l'entrée en jouissance;

3° Il profitera de toutes les servitudes actives et supportera toutes les servitudes passives, le tout à ses risques et périls sans garantie.

Il paiera les frais, droits et honoraires des présentes et ceux en résultant.

M. Aubert se réserve les émondes de tous les arbres et la taille de la haie.

En outre la présente vente est faite et consentie pour et moyennant la somme de cinq cents francs que M. Cadiou s'engage à payer à M. Aubert dans deux années de ce jour, et jusqu'à parfait paiement il s'oblige et s'engage à lui en servir les intérêts sur le pied de cinq pour cent par an, payables annuellement au domicile ci-après élu, où aura lieu le paiement du capital et des intérêts.

M. Cadiou devra faire transcrire les présentes.

M. Cadiou déclare avoir pris connaissance de l'état des hypothèques prises contre le sieur Pierre Aubert, vendeur.

Pour l'exécution des présentes, les parties font élection de domicile à Champtoceaux, en l'étude.

Dont acte.

Fait et passé au village de la Renardière, en la commune de la Varenne, en la demeure de M. Cadiou, acquéreur.

L'an mil huit cent soixante-deux, le seize novembre, etc.

ENREGISTREMENT.

Du dix-sept novembre mil huit cent soixante-deux.

Enregistré. VENTE

Par Pierre AUBERT, cultivateur demeurant à la Varenne,

A Julien CADIOU, cultivateur au dit lieu;

De onze ares de terre labourable situés au Plantis, commune de la Varenne et provenant au vendeur d'acte reçu par Me Gardais, le 26 juillet 1857.

Jouissance et impôts au 1er novembre 1863.

Moyennant CINQ CENTS FRANCS payables dans deux ans, mais avec intérêts du jour de l'acte, ci. . . . . . 500 fr.

Evaluation de la privation de jouissance, deux mois quatorze jours (charge), ci. 20

TOTAL. . . . . 520 fr.

Passé devant Me L..., notaire à Champtoceaux, le seize novembre 1862.

Contenant un rôle, *sans* renvois et *sans* mots nuls.

Reçu vingt-huit francs soixante centimes à 5 50. . 28 fr. 60

Remarque. — **Cet enregistrement devra être émargé du folio et du numéro de la table des vendeurs; du folio et du numéro de la table des acquéreurs. Dans le cas où le notaire aurait indiqué comme origine de propriété de l'immeuble vendu une succession, sans désignation d'actes de partage ou de cession, l'enregistrement devrait être également émargé de la date de la déclaration de cette succession.**

II. ***Déclaration d'une succession composée de biens de différentes natures, sans complication de legs particuliers ni de communauté entre époux.***

Le maximum de points accordé pour cette épreuve est 5.

NOTE REMISE A L'APPUI DE LA DÉCLARATION.

Pierre Bouger, cultivateur, est décédé célibataire au Marilais, le 12 septembre 1862, sans avoir disposé de ses biens par testament ou donation.

Il a laissé pour lui succéder : Anne Vincent, veuve de Pierre Bouger, sa mère, cultivatrice au Marilais, héritière pour un quart, et Anne, Marie et Vincent Bouger, ses frère et sœurs mineurs, sous la tutelle de leur mère, héritiers pour le surplus.

La succession se compose de valeurs mobilières détaillées dans un état annexé à la note fournie au receveur.

Ces valeurs consistent en :

1° Un mobilier (meubles meublants), estimé 700 fr.;

2° Une créance de 2,000 fr. sur Loret d'Ancenis, résultant d'obligation reçue par Me Brochet, notaire à Liré, le 12 mai 1860, avec les intérêts courus usqu'au jour du décès;

3° Un prorata de fermage dû par Grasset, s'élevant à 142 francs.

Elle comprend aussi les immeubles qui suivent, situés à Liré :

1° 3 ares de pré à la Petite-Vallée, n° 540, section D;

2° 50 ares de vigne aux Aires, n° 559, même section;

3° 25 ares de vigne aux Pinsons, n° 561, même section, loués par bail reçu en l'étude de Liré, le 11 avril 1860, au sieur Grasset du dit lieu, moyennant un fermage annuel de soixante-huit francs, sans charges.

La comparante Anne Vincent, veuve Bouger, sait signer.

ENREGISTREMENT.

Du douze février mil huit cent soixante-trois.

A comparu Anne VINCENT, veuve de Pierre Bouger, cultivatrice, demeurant au Marilais,

Agissant tant en son nom personnel que comme tutrice légale de Anne, Marie et Vincent Bouger, ses enfants mineurs;

Laquelle a fait la déclaration suivante :

Pierre BOUGER est décédé cultivateur au Marilais, le douze septembre 1862, célibataire et ab intestat;

Il a laissé pour lui succéder :

1° La comparante, sa mère, héritière à réserve pour un quart de sa succession;

2° Anne, Marie et Vincent Bouger, ses frère et sœurs, héritiers pour le surplus.

Sa succession se compose des valeurs désignées ci-après :

§ Ier. — Mobilier.

1° Mobilier détaillé dans l'état annexé, et estimé. 700 fr.

2° Créance sur Loret, d'Ancenis (obligation reçue par Me Brochet, notaire à Liré, le 12 mars 1860), ci . . . . 2,000 fr.
Intérêts du 12 mars 1862 au jour du décès (6 mois), ci . . . . 50 fr. } 2,050

3° Prorata de fermage dû par Grasset, ci. . . . 142

Total du mobilier : deux mille huit cent quatre-vingt-douze francs, ci . . 2,892
Dont le quart pour madame Bouger est de. 723

Il reste aux collatéraux, ci. . . . 2,169 fr.

(1) Reçu à 1 % sur 723 francs, sept francs quarante centimes, ci. . . . . 7 fr. 40 c.

Reçu à 6 50 sur 2,169 fr., cent quarante-un francs soixante-dix centimes 141 70

§ II. — Immeubles.

Soixante-dix-huit ares en prés et vignes, situés à Liré et loués au sieur Grasset, suivant bail reçu en l'étude de Liré, le 11 avril 1860, moyennant un fermage annuel de soixante-huit francs, sans charges, ci . . . . 68 fr.

Capital au denier vingt : treize cent soixante fr., ci . 1,360
Dont le quart pour la veuve Bouger est de. 340

Il reste aux collatéraux. . . . 1,020 fr.

Reçu 1 % trois francs quarante centimes, ci. . 3 fr. 40 c.

Reçu 6 fr. 50 % soixante-six francs trente centimes, ci 66 30

Et affirmant sincère sa déclaration sous les peines de droit, la comparante l'a signée, lecture faite.

Remarque. — **Cet enregistrement devra être émargé :**

1° Du numéro de la déclaration ;

2° De la mention suivante : *Succession directe ascen-*

(1) A Paris, il n'est fait qu'une perception unique sur les meubles et les immeubles réunis.

dante et collatérale de Pierre Bouger, décédé au Marilais le 12 septembre 1862;

3° Du folio et du numéro de la table des successions;

4° Du folio et du numéro des deux tables des vendeurs et des acquéreurs.

Dans le cas où le décédé aurait disposé de tout ou partie de sa succession par testament ou donation, la déclaration devra être également émargée du folio et du numéro de la table des testaments.

Enfin, il faut observer que les créances d'une part et les immeubles d'autre part, dans le cas où ils ne seraient pas loués par bail authentique courant au moment du décès de l'auteur de la succession, doivent être détaillés créance par créance et parcelle par parcelle; puis aussi que cette nécessité de l'inscription par article sur le registre s'applique à toutes les valeurs mobilières en général lorsque le comparant ne sait pas signer, ce dont MM. les Surnuméraires devront toujours s'assurer avant de commencer l'inscription de chaque déclaration.

III. *Rédaction d'une contrainte.*

Le maximum de points accordé pour cette épreuve est 3.

L'article 64, Titre IX de la loi du 22 frimaire an VII, est ainsi conçu :

« Art. 64. — Le premier acte de poursuite pour le re-
» couvrement des droits d'enregistrement et le paiement
» des peines et amendes prononcées par la présente, sera
» une contrainte; elle sera décernée par le receveur, ou
» préposé de la régie; elle sera visée et déclarée exécutoire

» par le juge de paix du canton où le bureau est établi, et » elle sera signifiée.

» L'exécution de la contrainte ne pourra être interrom- » pue que par une opposition formée par le redevable et » motivée, avec assignation à jour fixe devant le tribunal » civil du département *(aujourd'hui de l'arrondissement)*. » Dans ce cas, l'opposant sera tenu d'élire domicile dans » la commune où siége le tribunal. »

Comme on le voit, l'exploit de signification d'une contrainte est un acte introductif d'instance dont le résultat ne peut être, à défaut de paiement de la somme réclamée ou d'une cessation de poursuites toujours mal interprétée, qu'un procès long et quelquefois douteux; il est donc toujours prudent (outre qu'agir autrement serait désobéir aux instructions données par l'Administration à ce sujet) de solliciter du directeur l'autorisation de faire signifier cette contrainte et de lui en soumettre le projet.

La contrainte doit être *visée* par le juge de paix du canton où le bureau est établi, et cela tant sur la copie destinée au redevable que sur l'original.

Elle doit énoncer la somme réclamée, et d'une manière succincte et précise les motifs dont le demandeur appuie sa réclamation; enfin, elle doit rappeler tous les articles des lois sur lesquels la demande est fondée.

Sous le bénéfice de ces observations, nous proposons l'exemple de contrainte qui suit :

CONTRAINTE.

Il est dû à l'Administration de l'Enregistrement et des Domaines, par François Moreau, propriétaire à Champtoceaux, et Augustine Moreau, femme de Lucien Proust, marchand à Ancenis, la somme de sept cent dix francs soixante-quatre centimes, droit simple en sus et décime, exigible à raison de l'omission constatée dans la déclaration passée au bureau de Champtoceaux, le deux septembre 1861, après le décès de Jean-Louis-Bertrand Moreau, leur père, arrivé le 10 juillet précédent, de treize rentes perpétuelles sur divers, formant un total de seize cent cinq francs soixante-douze centimes, qui, au denier vingt, constituent un capital de trente-deux mille cent quatorze francs quarante centimes. Les dites rentes, reconnues aux termes de treize titres nouvels reçues par Me Préau, notaire à Champtoceaux, les 12 15, 20, 21 et 22 octobre 1837, étaient la propriété exclusive du décédé, ainsi que cela résulte au surplus de l'article 5 du contrat de mariage des époux Moreau, passé devant le dit Me Préau, le 31 janvier 1815.

La demande est fondée sur les articles 14, titre II, nombre 9; 39, titre VI et 69 titre X, § 1 et 3 de la loi du 22 frimaire an VII, § 10 de la loi du 18 mai 1850 et 1er de la loi du 6 prairial an VII.

Au paiement de laquelle somme de sept cent dix francs soixante-quatre centimes les sus-nommés seront contraints par toutes les voies de droit.

Signature du Receveur et visa du Juge de paix.

CHAPITRE II.

Partie orale.

ARTICLE Ier.

I. ORGANISATION DE L'ADMINISTRATION. — II. ATTRIBUTIONS, DEVOIRS ET OBLIGATIONS DES DIFFÉRENTES CLASSES D'EMPLOYÉS. — III. IMPÔTS ET PRODUITS DONT LA PERCEPTION EST CONFIÉE A L'ADMINISTRATION.

Le maximum de points accordé est 5.

I, II. — L'Administration de l'Enregistrement, des Domaines et du Timbre, fut dirigée à sa création (décret des 18-27 mai 1791) par douze régisseurs. Aujourd'hui, la direction du service appartient à un Directeur général nommé par l'Empereur.

La direction et la surveillance du travail des employés dans les départements sont confiées aux *Directeurs.*

Les Directeurs sont nommés par l'Empereur, sur la proposition du Ministre des finances et la présentation du Directeur général.

Leur mission est de maintenir les règles de la perception et l'exécution des instructions de l'Administration, de faire procéder régulièrement aux vérifications et inspections des régies, de donner aux travaux des inspecteurs et vérificateurs la suite qu'ils jugent convenable, et de soutenir devant les tribunaux les instances engagées au nom de l'Administration ou contre elle. Enfin, ils doivent pourvoir chacun des employés sous leurs ordres de papiers timbrés, registres et impressions.

Les Directeurs ont également dans leurs attributions la suite de toutes les affaires domaniales qui se présentent dans le département, et l'ordonnancement de certains mandats de restitutions et de paiements.

Il y a à Paris deux Directeurs : l'un pour la perception des droits d'enregistrement et de timbre, l'autre chargé seulement de la partie domaniale.

Les Directeurs sont divisés en trois classes, et le cautionnement qu'ils doivent verser avant d'entrer en fonctions est de 3,000, 3,500 ou 4,000 francs. En outre de leur traitement, qui est de 8,000, 10,000 ou 12,000 francs, d'après la classe, les Directeurs ont droit à des frais de bureau qui varient suivant l'importance de leur résidence et celle des produits du département.

Un employé, nommé *Premier Commis de direction*, est chargé de préparer la correspondance et d'élaborer le contentieux ; en outre, dans le local de chaque direction se trouve le bureau d'un préposé nommé *Garde-Magasin du timbre*, chargé de la conservation et de l'envoi de tous les papiers timbrés, registres et impressions destinés aux employés du département.

Après le Directeur et sous sa surveillance immédiate vient l'*Inspecteur*.

Les Inspecteurs sont nommés par le Ministre des finances, sur la proposition du Directeur général. Ils sont divisés en deux classes et doivent justifier du versement d'un cautionnement de 2,400 francs.

Ils ont pour mission de constater dans chaque bureau de recette le travail et la surveillance des vérificateurs, et d'établir l'unité de perception dans le département. Dans le cas où il y aurait lieu de fermer les mains à un receveur, ils peuvent charger le vérificateur dans la division duquel se trouve l'employé suspect ou un surnuméraire attaché au bureau, d'en prendre immédiatement l'intérim, à charge d'informer sur le champ le Directeur et l'Administration de la mesure qu'ils ont prise.

Les Inspecteurs se recrutent parmi les Vérificateurs de première classe, et leur traitement varie de 5,000 à 6,000 francs, plus des frais de tournée.

Les Vérificateurs sont choisis parmi les Receveurs ayant moins de trente-cinq ans et titulaires de bureaux de cinquième classe au moins, ou parmi les Premiers Commis satisfaisant aux conditions d'âge et de temps de service exigées des Receveurs pour l'emploi de Vérificateur.

Les Vérificateurs sont à la nomination du Directeur général et sous les ordres immédiats du Directeur du département où ils exercent leurs fonctions.

Ils doivent être déclarés aptes à cet emploi au vu d'épreuves écrites et transmises à l'Administration centrale. Leur cautionnement est de 1,200 francs, quelle que soit leur classe.

Les Vérificateurs sont divisés en trois classes et reçoivent en outre de leur traitement de 3,000, 3,500 ou 4,000 francs, des frais de tournée fixés à 300 francs.

Bien que par la nature même de leurs fonctions ils ne puissent avoir de résidence fixe, ces employés ne les exercent cependant que dans la division qui leur a été assignée par leur Directeur, à moins que celui-ci ne juge nécessaire de les envoyer en opérations dans d'autres bureaux que ceux de leur division.

Placé immédiatement au-dessus du Receveur et du Conservateur, le Vérificateur examine leurs opérations dans tous les détails. Il signale au Directeur les irrégularités commises, les perceptions illégales, et doit aider par ses observations et ses conseils à l'instruction de ceux qu'il est chargé de vérifier. Il se rend également dans tous les dépôts publics pour s'assurer que les actes ne présentent aucune infraction aux lois sur le notariat, le greffe, etc. Enfin, il arrête la comptabilité annuelle des comptables de sa division, et est souvent chargé d'instruire sur les lieux les affaires importantes que le Directeur soumet à son appréciation.

Les agents que nous avons désignés sous les noms de Directeurs, Inspecteurs et Vérificateurs, forment la classe des *employés supérieurs* dans les départements.

Après eux viennent les agents chargés de la perception : les *Receveurs* et les *Conservateurs des hypothèques*. Qu'on nous permette de répéter ce que nous avons dit ailleurs [1] sur la nature et l'étendue des fonctions qui sont confiées à ces employés :

« Pour être nommé Receveur, il faut avoir été surnu-
» méraire (pendant trois ans au moins), être âgé de vingt-
» un ans accomplis, et avoir été reconnu, par le comité
» institué à cet effet, apte à remplir les fonctions de
» Receveur.

(1) *Manuel du Candidat*, page 119, chap. 6.

» Les Receveurs sont nommés par le Directeur général, » ils prêtent serment avant d'entrer en fonctions et doi- » vent justifier du versement d'un cautionnement égal au » double des remises moyennes du bureau qu'ils sont » appelés à gérer. Ces remises, calculées sur les produits » annuels du bureau, varient suivant l'importance des pro- » duits, aussi la classe est-elle attachée à la résidence (1). »

A Paris et dans quelques villes importantes, chaque Receveur n'a dans ses attributions que le recouvrement de certains produits spéciaux.

« Parmi les Receveurs, il en est qui sont chargés spécia- » lement de la perception des droits dus comme salaire de » la formalité du timbre donnée à certains papiers, les affi- » ches, les journaux, etc. On les appelle Receveurs du » timbre extraordinaire et il n'y en a qu'un par dépar- » tement.

» La perception des droits d'hypothèque a été confiée à » des Receveurs spéciaux qu'on appelle *Conservateurs*.

» Ceux-là sont nommés par le Ministre des finances, » sur la proposition du Directeur général. Avant d'entrer » en fonctions ils doivent justifier d'un cautionnement en » numéraire d'une somme égale au montant des salaires » d'une année — nous verrons ce qu'on entend par ce » mot — et d'un cautionnement en immeubles, pour la » fixation duquel la population de l'arrondissement où ils » exercent leurs fonctions est prise pour base, si ce n'est

(1) L'Assemblée constituante, en rattachant l'Administration de l'Enregistrement à l'État, avait attribué à la Régie une remise générale à répartir entre tous ses agents. — Ce n'est que depuis l'ordonnance royale du 17 mai 1817 que les employés supérieurs reçoivent un traitement fixe et non une part proportionnelle aux produits recouvrés par l'Administration.

» à Paris où le cautionnement du Conservateur est soumis » à des règles spéciales (1).

» En outre des remises qui leur sont allouées sur les » produits qu'ils versent au Trésor, les Conservateurs per» çoivent encore, pour leur propre compte, certains droits » suivant un tarif établi par la loi et qui constituent les » *salaires*.

» Dans certaines localités les Conservateurs sont à la » fois Conservateurs et Receveurs. »

Dans le département de la Seine, il existe en outre un Contrôleur des amendes, et des agents spéciaux nommés Contrôleurs ont été établis à Paris, Lyon, Marseille, Bordeaux, Lille, Rouen et Nantes, à l'effet de rechercher les omissions mobilières ou immobilières commises dans les déclarations de successions, ainsi que les insuffisances d'évaluation de revenu et les simulations de prix que peuvent présenter les transmissions immobilières entre vifs ou par décès.

Les Receveurs sont subordonnés aux Directeurs, Inspecteurs et Vérificateurs exerçant leurs fonctions dans le département où leur bureau est établi. Ils leur doivent ce respect que commandent souvent l'âge et toujours la position d'un supérieur vis-à-vis d'un inférieur.

(1) Le Corps législatif, dans sa séance du 26 mai 1864, a voté les art. 29 à 34 de la loi de finances relatifs à certaines modifications dans le cautionnement des Conservateurs des hypothèques.

Désormais, la partie de ces cautionnements qu'ils devaient fournir en immeubles seulement, pourra être constituée, soit en immeubles, soit en rentes sur l'État 3 °/₀ nominatives, et la quotité de ces cautionnements, au lieu d'avoir pour base la population composant l'arrondissement de la conservation, sera calculée sur la moyenne des cinq années antérieures à la nomination, en déduisant la plus forte et la plus faible, et en prenant le tiers des autres suivant une échelle proportionnelle indiquée par l'art. 29.

Dans leurs rapports avec les contribuables, il leur est recommandé de conserver toujours cette urbanité que n'exclut point du reste la dignité.

Les perceptions doivent être conformes au texte de la loi.

Les receveurs ne peuvent faire aucune remise des droits à peine d'en être personnellement responsables, pas plus qu'ils ne doivent donner leur avis sur la quotité de ces droits avant qu'on n'ait soumis les actes à la formalité. Une pareille indiscrétion aurait cet inconvénient grave, qu'elle permettrait souvent aux contribuables ainsi renseignés de modifier les dispositions de leurs actes de manière à soustraire au Trésor une partie des droits qui eussent dû lui être comptés.

Les receveurs ne doivent pas habiter ailleurs qu'au lieu qui leur a été désigné comme chef-lieu de la perception. Leur bureau doit être ouvert de huit heures du matin à quatre heures du soir, excepté les dimanches et les jours de fêtes reconnues par l'État, et il doit en être donné avis au public au moyen d'une affiche apposée sur la porte extérieure du bureau. — Ils ne doivent point non plus s'absenter sans congé.

Les papiers timbrés, ainsi que les registres, tables, sommiers et autres documents qui leur sont confiés doivent être déposés dans un endroit sec, dans un ordre convenable, et l'inventaire des archives du bureau doit être au courant.

Mais les receveurs de l'enregistrement ne sont pas seulement chargés du recouvrement des droits dûs au Trésor; ils remplissent, concurremment avec les inspecteurs et les vérificateurs, des fonctions non moins importantes : ils ont pour devoir d'assurer par une surveillance constante la régularité des actes reçus par les officiers publics et de signaler les infractions qu'ils reconnaîtraient avoir été commises.

C'est cette surveillance intelligente que réclame, dans les termes suivants, l'Administration (Inst. 263, relative à la loi du 25 ventôse an XI sur le Notariat) : « Mais s'il est » du devoir de tous les membres de la société de coopérer » à la répression des abus, cette obligation est imposée » plus particulièrement dans l'espèce à ceux auxquels le » gouvernement a confié ses intérêts et qui, par la nature » de leurs fonctions, se trouvent les surveillants naturels » de la régularité des actes des notaires. Les employés de » l'Administration seraient donc très-répréhensibles s'ils » ne concouraient pas, par tous les moyens qui sont à leur » disposition, à ce que le vœu de la loi soit rempli. »

L'Administration centrale, dont le siége est à Paris, dirige l'ensemble du service dans les départements. Elle se compose de :

Un *Directeur général*, président du Conseil d'Administration ;

Quatre *Administrateurs* formant le Conseil avec le Directeur général ayant sous leurs ordres chacun une division ;

Quinze *chefs* de bureau divisés en quatre classes ;

Un certain nombre de *sous-chefs* et de *rédacteurs* également divisés en classes, travaillant avec les chefs sous la direction des quatre Administrateurs.

« Le *Directeur général* dirige toutes les opérations des » agents placés sous ses ordres ; il nomme à tous les » emplois (excepté ceux d'administrateurs, directeurs, » inspecteurs et conservateurs des hypothèques), après » avoir pris l'avis de celui des administrateurs chargé

» spécialement de la surveillance de l'agent dont la nomi-
» nation a lieu; il révoque également, destitue ou suspend
» tous les employés dont la nomination lui est attribuée,
» mais après avoir pris l'avis d'un conseil appelé Conseil
» d'administration.

» Il soumet chaque année au Ministre des finances, sous
» les ordres duquel il est placé, le budget des dépenses de
» l'Administration et prend son avis sur les questions
» douteuses soulevées par l'interprétation des lois, décrets
» et réglements sur la matière.

» Lui seul correspond avec les autorités supérieures et
» signe les instructions ou les circulaires adressées aux
» employés de sa direction générale.

» Deux bureaux sont placés immédiatement sous ses
» ordres : le bureau du personnel et celui du contentieux.

» Le Directeur général est secondé dans ses travaux par
» le Conseil d'administration qui délibère en assemblée
» générale, sous la présidence du Directeur général sur :
» 1° le budget de l'Administration; 2° les suppressions,
» créations ou divisions d'emplois; 3° les révocations,
» destitutions ou mises à la retraite d'employés; 4° les
» questions difficiles relatives à l'application des lois et
» réglements et sur les instructions générales à rédiger
» pour parvenir à leur solution; 5° les devis et marchés à
» passer pour le compte de l'Administration; 6° les de-
» mandes en remise ou en modération d'amendes ou de
» droits en sus; 7° le contentieux administratif et judi-
» ciaire; 8° enfin, sur toutes les autres affaires à propos
» desquelles le Ministre juge utile d'avoir l'avis du Conseil. »

Les attributions des quatre divisions sont réglées par les instructions n°s 2169 et 2303 auxquelles nous renvoyons nos lecteurs.

III. Les principales attributions de l'Administration sont :

Premièrement. — La perception des droits dus à raison de l'enregistrement :

1° Des *actes civils publics*, comprenant les actes des notaires, ceux des secrétaires des chancelleries, des administrations centrales et municipales et des actes de l'état civil soumis à l'enregistrement sur l'expédition ;

2° Des actes sous signatures privées passés en France ou dans les pays étrangers ;

3° Des jugements et autres actes reçus par les greffiers des cours et tribunaux, y compris les droits de greffe et d'expédition ;

4° Des exploits et des procès-verbaux rédigés par les agents de police judiciaire ou autres ayant droit d'en faire.

Deuxièmement. — Le recouvrement des droits à percevoir sur la valeur des biens mobiliers et immobiliers dépendant des successions des personnes décédées ou déclarées absentes ;

2° Celui des amendes de contravention aux lois sur l'enregistrement, le timbre, le greffe, les hypothèques, les ventes de meubles, le notariat, comme aussi des amendes prononcées par les tribunaux de simple police, correctionnels et criminels ; ainsi que des frais exposés à l'occasion des arrêts et jugements rendus par ces tribunaux, jugeant tant en matière ordinaire que sur les délits spéciaux de roulage, de chasse, de pêche et sur délits forestiers ;

3° Celui des produits de l'aliénation des domaines de l'État, non affectés à un service public, des prix d'afferme et de location des mêmes domaines appartenant à l'État ou régis en son nom, et des arrérages de rentes ; le recouvrement du montant des créances exigibles et du prix des ventes de mobilier ayant appartenu à l'État directement ou provenant des ministères et des administrations financières;

4o Celui des sommes provenant des épaves, des successions dévolues à l'État et des biens vacants et sans maître; la recette des revenus produits par les biens des contumaces pendant la durée de la mise sous séquestre de ces biens;

5o La recette des droits de timbre de toute nature;

6o Celle des droits de dépôt, d'inscription et de transcription confiée aux agents spéciaux appelés conservateurs des hypothèques.

L'administration de l'enregistrement a enfin dans ses attributions :

1o Le paiement de certaines dépenses : telles que frais de justice criminelle, contributions et frais d'entretien et de réparation des biens qu'elle régit, frais des poursuites et des instances dans lesquelles elle est partie, frais des ventes auxquelles les préposés procèdent en son nom;

2o La distribution aux communes, aux départements et à certains agents du produit des amendes qui leur sont attribuées en totalité ou en partie;

3o Le versement au Trésor de l'excédant des recettes sur les dépenses, et des recettes effectuées pour le compte de la Caisse des consignations;

4o La gestion, la conservation et la défense du domaine de l'État;

5o La surveillance des dépôts publics et des ventes publiques de meubles;

6o Le concours aux adjudications de coupes de bois de l'État, et aux ventes de mobilier des départements. Ses agents, dans ces deux cas, ne procèdent pas au recouvrement du prix d'adjudication qui est effectué par les receveurs des finances.

ARTICLE II.

I. ENREGISTREMENT. — NATURE ET ORIGINE DE CET IMPÔT. — LOIS QUI LE RÉGISSENT ACTUELLEMENT. — II. PRINCIPES GÉNÉRAUX DE SON APPLICATION. — DISTINCTION DES DROITS FIXES ET PROPORTIONNELS. — III. DISPOSITION DES NEUF PREMIERS TITRES DE LA LOI DU 22 FRIMAIRE AN VII. — IV. MODIFICATIONS APPORTÉES A CETTE LOI. — V. TARIF DES DROITS POUR TOUTE ESPÈCE D'ACTES ET DE MUTATIONS.

Le maximum de points à accorder est 10.

I. — Constantin, pour prévenir les fraudes commises par les débiteurs au préjudice de leurs créanciers, avait soumis à l'*insinuation*, c'est-à-dire à l'*enregistrement par extrait sur un registre public*, les donations entre vifs et les substitutions.

Un édit du mois de juin 1581 provoqua en France, comme mesure d'ordre public, l'institution du *contrôle* des actes dont le but, comme celui de l'insinuation, était de donner date certaine aux actes et d'en assurer ainsi l'existence. Cette formalité était d'autant plus importante que jusqu'à l'établissement du régime hypothécaire actuel l'effet de l'hypothèque pour les créanciers était fondé sur les actes eux-mêmes.

C'est ce qui résulte clairement des termes de l'édit de mars 1693 sur le contrôle portant que : *nul ne pouvait acquérir ni privilége, ni hypothèque, ni action quelconque en vertu de contrats non contrôlés,* et le même édit allant plus loin prononçait que l'*acte non contrôlé ne conférait pas la propriété.*

Telles ont été les origines de l'*enregistrement* et de l'impôt perçu, comme salaire de la formalité, d'abord sur certains actes, ensuite sur tous les actes notariés ou sous signatures privées. Nous observerons que les notaires de Paris avaient été autorisés, aux termes d'une déclaration du 5 décembre 1723, à commuer le droit de contrôle en un droit supplémentaire de formule ou de timbre, et que ceux de la Flandre, du Hainaut, de l'Artois, du Cambrésis et du pays de Labour, jouissaient de l'exception par abonnement de ce même droit, c'est-à-dire que leurs actes étaient censés contrôlés et qu'on en pouvait faire usage par tout le royaume sans prouver qu'ils eussent été soumis à la formalité.

Malgré ces exceptions, le droit de *contrôle* réuni à ceux de *centième denier* sur les mutations immobilières, d'*insinuation* sur les donations et testaments, de *quatre deniers pour livre* sur les ventes de meubles, de *petit scel* et de *greffe* sur les actes judiciaires et de *formule*, donnait un produit d'environ 50 millions lorsqu'il fut aboli, ainsi que les droits que nous venons d'énoncer, par les lois du 19 décembre 1790 et des 16-27 mai 1791.

Aux termes de ces lois qui créèrent en même temps l'*Enregistrement*, tel que nous le connaissons aujourd'hui, l'acte notarié non revêtu de la formalité dans le délai accordé ne valait que comme acte sous-seing privé et l'acte d'huissier était nul. Quant aux actes sous-seings privés portant mutation d'immeubles et aux actes judiciaires et administratifs, leur défaut d'enregistrement dans le délai n'était frappé que de peines pécuniaires.

Plusieurs lois ont été promulguées depuis celles que nous avons relatées, mais elles ont été virtuellement abrogées par la loi du 22 frimaire an VII (12 décembre 1798) qui a posé les principes généraux sur lesquels repose encore aujourd'hui toute notre législation en matière d'enregistrement. Les changements apportés à quelques-unes de ces dispositions sont provenus de la nécessité d'augmenter à certaines époques les ressources de l'État ou de l'esprit des gouvernements qui les ont fait opérer, mais elle n'en est pas moins demeurée la loi organique de la matière.

L'impôt de l'enregistrement représentant aujourd'hui les divers droits royaux de contrôle, d'insinuation et de centième denier, aussi bien que les anciens droits seigneuriaux, tels que les *lods* et *ventes,* droits de *rachat* ou *relief* abolis avec les derniers vestiges de la féodalité en 1789, c'est sur la transmission de la propriété mobilière ou immobilière et sur les conventions que font naître les divers modes de cette propriété qu'il se trouve assis aujourd'hui.

Ainsi, ventes, échanges, associations, obligations ou extinctions des obligations, mutations à titre gratuit, etc., sont des modes variés par lesquels passe la propriété, et chacun d'eux est soumis à l'impôt suivant un tarif particulier. Et comme il n'est pas souvent possible que chaque contrat conserve en son entier une nature propre et inaltérable, grâce aux clauses additionnelles que la nécessité ou la volonté des contractants peut y insérer, il s'ensuit qu'il n'y a guère de question de tarif qui ne puisse être résolue par une question de droit civil correspondante.

II. — La loi du 22 frimaire an VII établit dans son article 2 une distinction bien marquée entre les droits *fixes* et les droits *proportionnels.*

Cette classification, fondée sur l'équité, a eu pour base l'inégalité rationnelle des droits d'enregistrement, en tant qu'ils doivent frapper un fait juridique exempt de l'impôt tant qu'il n'a pas été constaté par un acte, ou un fait imposé indépendamment de l'acte qui le constate, comme par exemple ceux de vente, d'échange, etc., que nous avons cités plus haut.

Aussi tous les *droits fixes* sont-ils des *droits d'acte*, c'est-à-dire le salaire de la formalité, encore bien que le législateur en ait formé de nombreuses catégories. Toutes les *mutations* au contraire sont assujeties aux *droits proportionnels*, c'est-à-dire subissent un impôt proportionné aux sommes et valeurs qui font l'objet des mutations. *Certains droits d'actes* également sont *droits proportionnels*, mais alors ils ne sont exigibles qu'autant qu'il existe un titre de la transmission accomplie.

Nous pensons que ces quelques mots feront suffisamment comprendre cette distinction tranchée entre les droits fixes et les droits proportionnels, division que le législateur s'est préoccupé de maintenir scrupuleusement jusque dans les derniers articles de la loi dont nous donnons le texte.

III. — LOI DU 22 FRIMAIRE AN VII
(12 DÉCEMBRE 1798).

TITRE Ier. — DE L'ENREGISTREMENT, DES DROITS ET DE LEUR APPLICATION.

ART. 1er. — Les droits d'enregistrement seront perçus d'après les bases et suivant les règles déterminées par la présente.

ART. 2. — Les droits d'enregistrement sont *fixes* ou *proportionnels*, suivant la nature des actes et mutations qui y sont assujettis.

ART. 3. — Le droit fixe s'applique aux actes soit civils, soit judiciaires ou extra-judiciaires qui ne contiennent ni obligation, ni libération, ni condamnation, ni collocation ou liquidation de sommes et valeurs, ni transmission de propriété, d'usufruit ou de jouissance de biens meubles ou immeubles.

Il est perçu aux taux réglés par l'art. 68 de la présente.

Art. 4. — Le droit proportionnel est établi pour les obligations, libérations, condamnations, collocations ou liquidations de sommes et valeurs, et pour toute transmission de propriété, d'usufruit ou de jouissance, de biens meubles et immeubles, soit entre vifs, soit par décès.

Ses quotités sont fixées par l'art. 69 ci-après.

Il est assis sur les valeurs.

Art. 5. — Il n'y a point de fraction de centime dans la liquidation du droit proportionnel. Lorsqu'une fraction ne produit pas un centime de droit, le centime est perçu au profit de la République.

Art. 6. — Cependant le moindre droit à percevoir sur un acte donnant lieu au droit proportionnel, et sur une mutation de biens par décès, sera du montant de la quotité sous laquelle chaque acte ou mutation se trouve classé dans les articles 68 et 69, sauf les exceptions y mentionnées.

Art. 7. — Les actes civils et extra-judiciaires sont enregistrés sur les minutes, brevets ou originaux. — Les actes judiciaires reçoivent cette formalité soit sur les minutes, soit sur les expéditions, suivant les distinctions ci-après : — Ceux qui doivent être enregistrés sur les minutes sont les procès-verbaux d'apposition, de reconnaissance et de levée de scellés, et ceux de nomination de tuteurs et curateurs, les avis de parents, les émancipations, les actes de notoriété, les déclarations en matière civile, les adoptions; tous actes contenant autorisation, acceptation, abstention, renonciation ou répudiation; les nominations d'experts et arbitres, les oppositions à levée de scellés par comparution personnelle, les cautionnements de personnes à représenter à justice, ceux des sommes déterminées ou non déterminées, les ordonnances et mandements d'assigner les opposants à scellés; tous procès-verbaux généralement quelconques des bureaux de paix portant conciliation ou non conciliation, défaut ou congé, remise ou ajournement; tous actes d'acquiescement, de dépôt et consignation, d'exclusion de tribunaux, d'affirmation de voyage, d'enchère et surenchère, de reprise d'instance, de communication de pièces avec ou sans déplacement, d'affirmation ou vérification de créances, d'apposition et délivrance de titres ou jugements, de procès-verbaux et rapports, de dépôt de bilan et de décharges; les certificats de toute nature et ordonnances sur requêtes; les jugements portant transmission d'immeubles et ceux par lesquels il est prononcé des condamnations sur les conventions sujettes à l'enregistrement, sans énonciation de titres enregistrés. — Tous autres actes et jugements, soit préparatoires ou d'instruction, soit définitifs, ne sont soumis à l'enregistrement que sur les expéditions. Ceux des actes de l'état civil qui sont assujettis à l'enregistrement par la présente ne seront également enregistrés que sur les expéditions. — Les jugements de la police ordinaire, des tribunaux de police correctionnelle et des tribunaux criminels, ne sont de même soumis à l'enregistrement que sur les expéditions, lorsqu'il y a partie civile, et seulement pour les expéditions requises par elle ou autres intéressés.

Art. 8. — Il n'est dû aucun droit d'enregistrement pour les extraits, copies ou expéditions des actes qui doivent être enregistrés sur les minutes ou originaux. — Quant à ceux des actes judiciaires qui ne sont assujettis à l'enregistrement que sur les expéditions, chaque expédition doit être enregistrée, savoir : la première, pour le droit proportionnel, s'il y a lieu, ou pour le droit fixe, si le jugement n'est pas passible du droit proportionnel; et chacune des autres pour le droit fixe.

Art. 9. — Lorsqu'un acte translatif de propriété ou d'usufruit comprend des meubles et immeubles, le droit d'enregistrement est perçu sur la totalité du prix, au taux réglé pour les immeubles, à moins qu'il ne soit stipulé un prix particulier pour les objets mobiliers, et qu'ils ne soient désignés et estimés, article par article, dans le contrat.

Art. 10. — Dans le cas de transmission de biens, la quittance donnée ou l'obligation consentie par le même acte, pour tout ou partie du prix entre les contractants, ne peut être sujette à un droit particulier d'enregistrement.

Art. 11. — Mais lorsque, dans un acte quelconque, soit

civil, soit judiciaire ou extra-judiciaire, il y a plusieurs dispositions indépendantes ou ne dérivant pas nécessairement les unes des autres, il est dû, pour chacune d'elles, et selon son espèce, un droit particulier. La quotité en est déterminée par l'article de la présente dans lequel la disposition se trouve classée ou auquel elle se rapporte.

ART. 12. — La mutation d'un immeuble en propriété ou usufruit sera suffisamment établie, pour la demande du droit d'enregistrement et la poursuite du paiement contre le nouveau possesseur, soit par l'inscription de son nom au rôle de la contribution foncière et des paiements par lui faits, d'après ce rôle, soit par des baux par lui passés, ou enfin par des transactions ou autres actes constatant sa propriété ou son usufruit.

ART. 13. — La jouissance à titre de ferme, ou de location, ou d'engagement, d'un immeuble, sera aussi suffisamment établie, pour la demande et la poursuite du paiement des droits des baux ou engagements non enregistrés, par les actes qui la feront connaître, ou par des paiements de contributions imposées aux fermiers, locataires ou détenteurs temporaires.

TITRE II. — DES VALEURS SUR LESQUELLES LE DROIT PROPORTIONNEL EST ASSIS, ET DE L'EXPERTISE.

ART. 14. — La valeur de la propriété, de l'usufruit et de la jouissance des biens meubles est déterminée, pour la liquidation et le paiement du droit proportionnel, ainsi qu'il suit, savoir :

1° Pour les baux et locations, *par le prix annuel exprimé, en y ajoutant les charges imposées au preneur ;*

2° Pour les créances à terme, leurs cessions et transports, et autres actes obligatoires, *par le capital exprimé dans l'acte, et qui en fait l'objet ;*

3° Pour les quittances et tous autres actes de libération, *par le total des sommes ou capitaux dont le débiteur se trouve libéré ;*

4° Pour les marchés et traités, *par le prix exprimé ou l'évaluation qui sera faite des objets qui en seront susceptibles ;*

5° Pour les ventes et autres transmissions à titre onéreux, *par le prix estimé et le capital des charges qui peuvent ajouter au prix ;*

6° Pour les créations de rentes, soit perpétuelles, soit viagères, ou de pensions, aussi à titre onéreux, *par le capital constitué et aliéné ;*

7° Pour les cessions ou transport des dites rentes ou pensions, et pour leur amortissement ou rachat, *par le capital constitué, quel que soit le prix stipulé pour le transport ou l'amortissement ;*

8° Pour les transmissions entre vifs, à titre gratuit, et celles qui s'opèrent par décès, *par la déclaration estimative des parties, sans distraction des charges ;*

9° Pour les rentes et pensions créées sans expression de capital, leurs transports et amortissements, *à raison d'un capital formé de vingt fois la rente perpétuelle, et de dix fois la rente viagère ou la pension, et quel que soit le prix stipulé pour le transport ou l'amortissement ;*

Il ne sera fait aucune distinction entre les rentes viagères et pensions créées sur une tête, et celles créées sur plusieurs têtes, quant à l'évaluation.

Les rentes et pensions stipulées payables en nature seront évaluées aux mêmes capitaux, estimation préalablement faite des objets, d'après les dernières mercuriales du canton de la situation des biens, à la date de l'acte s'il s'agit d'une rente créée pour aliénation d'immeubles, ou, dans tout autre cas, d'après les dernières mercuriales du canton où l'acte aura été passé.

Il sera rapporté à l'appui de l'acte un extrait certifié des mercuriales.

S'il est question d'objets dont les prix ne puissent être réglés par les mercuriales, les parties en feront une déclaration estimative.

10° Pour les actes et jugements portant condamnation, collocation, liquidation ou transmission, *par le capital des sommes, et les intérêts et dépens liquidés ;*

11° L'usufruit transmis à titre gratuit s'évalue à la moitié de la valeur entière de l'objet.

Art. 15. — La valeur de la propriété, de l'usufruit et de la jouissance des immeubles, est déterminée, pour la liquidation et le paiement du droit proportionnel, ainsi qu'il suit, savoir :

1° Pour les baux à ferme ou à loyer, les sous-baux, cessions et subrogations de baux, *par le prix annuel exprimé, en y ajoutant les charges imposées au preneur.*

Si le bail est stipulé payable en nature, il en sera fait une évaluation d'après les dernières mercuriales du canton de la situation des biens, à la date de l'acte, à l'appui duquel il sera rapporté un extrait certifié des mercuriales.

Il en sera de même des baux à portion de fruits pour la part revenant au bailleur, dont la quotité sera préalablement déclarée, et sur la valeur de laquelle le droit d'enregistrement sera perçu.

S'il s'agit d'objets dont la valeur ne puisse être constatée par les mercuriales, les parties en feront une déclaration estimative.

2° Pour les baux à rentes perpétuelles et ceux dont la durée est illimitée, *par un capital formé de vingt fois la rente ou le prix annuel, et les charges aussi annuelles, en y ajoutant également les autres charges en capital, et les deniers d'entrée s'il en est stipulé.* — Les objets en nature s'évaluent comme il est prescrit ci-dessus.

3° Pour les baux à vie, sans distinction de ceux faits sur une ou plusieurs têtes, *par un capital formé de dix fois le prix et les charges annuels, en y ajoutant de même le montant des deniers d'entrée et des autres charges, s'il s'en trouve d'exprimés.* — Les objets en nature s'évaluent pareillement comme il est prescrit ci-dessus.

4° Pour les échanges, *par une évaluation qui doit être faite en capital, d'après le revenu annuel multiplié par vingt, sans distraction des charges.*

5° Pour les engagements, *par les prix et sommes pour lesquels ils sont faits.*

6° Pour les ventes, adjudications, cessions, rétrocessions, licitations et tous autres actes civils ou judiciaires portant translation de propriété ou d'usufruit, à titre onéreux, *par le prix exprimé, en y ajoutant toutes les charges en capital, ou par une estimation d'experts, dans le cas autorisé par la présente.*

Si l'usufruit est réservé par le vendeur, il sera évalué à la moitié de tout ce qui forme le prix du contrat, et le droit sera perçu sur le total; mais il ne sera dû aucun autre droit pour la réunion de l'usufruit à la propriété; cependant, si elle s'opère par un acte de cession, et que le prix soit supérieur à l'évaluation qui en aura été faite pour régler le droit de la translation de propriété, il est dû un droit, par supplément, sur ce qui se trouve excéder cette évaluation. Dans le cas contraire, l'acte de cession est enregistré pour le droit fixe.

7° Pour les transmissions de propriété entre vifs, à titre gratuit, et celles qui s'effectuent par décès, *par l'évaluation qui sera faite et portée à vingt fois le produit des biens, ou le prix des baux courants, sans distraction des charges.*

Il ne sera rien dû pour la réunion de l'usufruit à la propriété, lorsque le droit d'enregistrement aura été acquitté sur la valeur entière de la propriété.

8° Pour les transmissions d'usufruit seulement, soit entre vifs à titre gratuit, soit par des décès, *par l'évaluation qui en sera portée à dix fois le produit des biens ou le prix des baux courants, aussi sans distraction des charges.*

Lorsque l'usufruitier, qui aura acquitté le droit d'enregistrement pour son usufruit, acquerra la nue-propriété, il paiera le droit d'enregistrement sur sa valeur, sans qu'il y ait lieu de joindre celle de l'usufruit.

Art. 16. — Si les sommes et valeurs ne sont pas déterminées dans un acte ou un jugement donnant lieu au droit proportionnel, les parties seront tenues d'y suppléer, avant l'enregistrement, par une déclaration estimative certifiée et signée au pied de l'acte.

Art. 17. — Si le prix énoncé dans un acte translatif de propriété ou d'usufruit de biens immeubles, à titre onéreux, paraît inférieur à leur valeur vénale à l'époque de l'aliénation, par comparaison avec les fonds voisins de même nature, la régie pourra requérir une expertise, pourvu qu'elle en fasse la demande dans l'année, à compter du jour de l'enregistrement du contrat.

Art. 18. — La demande en expertise sera faite au tribunal civil du département (1) dans l'étendue duquel les biens sont situés, par une pétition portant nomination de l'expert de la nation. — L'expertise sera ordonnée dans la décade (les dix jours) de la demande. — En cas de refus par la partie de nommer son expert, sur la sommation qui lui aura été faite d'y satisfaire dans les trois jours, il lui en sera nommé un d'office par le tribunal. — Les experts, en cas de partage, appelleront un tiers-expert; s'ils ne peuvent en convenir, le juge de paix du canton de la situation des biens y pourvoira. — Le procès-verbal d'expertise sera rapporté, au plus tard, dans le mois qui suivra la remise qui aura été faite aux experts de l'ordonnance du tribunal, ou dans le mois après l'appel d'un tiers-expert. — Les frais de l'expertise seront à la charge de l'acquéreur, mais seulement lorsque l'estimation excèdera d'un huitième au moins le prix énoncé au contrat. — L'acquéreur sera tenu, dans tous les cas, d'acquitter le droit sur le supplément d'estimation, s'il y a une plus-value constatée par le rapport des experts.

Art. 19. — Il y aura également lieu à requérir l'expertise des revenus des immeubles transmis en propriété ou en usufruit, à tout autre titre qu'à titre onéreux, lorsque l'insuffisance dans l'évaluation ne pourra être établie par acte qui puisse faire connaître le véritable revenu des biens.

TITRE III. — Des délais pour l'enregistrement des actes et déclarations.

Art. 20. — Les délais pour faire enregistrer les actes publics, sont, savoir :

De *quatre jours*, pour ceux des huissiers et autres ayant pouvoir de faire des exploits et procès-verbaux;

De *dix jours*, pour les actes des notaires qui résident dans la commune où le bureau d'enregistrement est établi;

De *quinze jours*, pour ceux des notaires qui n'y résident pas;

De *vingt jours*, pour les actes judiciaires soumis à l'enre-

(1) De l'*arrondissement*, depuis la loi du 27 ventôse an VIII qui a établi un tribunal par arrondissement communal.

gistrement sur les minutes, et pour ceux dont il ne reste pas de minutes au greffe, ou qui se délivrent en brevet;

De *vingt jours* aussi pour les actes des administrations centrales et municipales (préfets, sous-préfets et maires) assujettis à la formalité de l'enregistrement.

Art. 21. — Les testaments déposés chez les notaires, ou par eux reçus, seront enregistrés dans les *trois mois* du décès des testateurs, à la diligence des héritiers, donataires, légataires ou exécuteurs testamentaires.

Art. 22. — Les actes qui, à l'avenir, seront faits sous signature privée, et qui porteront transmission de propriété ou d'usufruit de biens immeubles, et les baux à ferme ou à loyer, sous-baux, cessions et subrogations de baux, et les engagements, aussi sous signature privée, de biens de même nature, seront enregistrés dans les *trois mois* de leur date.

Pour ceux des actes de ces espèces qui seront passés en pays étranger, ou dans les îles ou colonies françaises où l'enregistrement n'aurait pas encore été établi, le délai sera de *six mois*, s'ils sont faits en Europe; d'*une année*, si c'est en Amérique; et de *deux années*, si c'est en Asie ou en Afrique.

Art. 23. — Il n'y a point de délai de rigueur pour l'enregistrement de tous autres actes que ceux mentionnés dans l'article précédent, qui seront faits sous signature privée, ou passés en pays étranger et dans les îles et colonies françaises où l'enregistrement n'aurait pas encore été établi; mais il ne pourra en être fait aucun usage, soit par acte public, soit en justice, ou devant toute autre autorité constituée, qu'ils n'aient été préalablement enregistrés.

Art. 24. — Les délais pour l'enregistrement des déclarations que les héritiers, donataires ou légataires auront à passer des biens à eux échus ou transmis par décès, sont, savoir :

De *six mois*, à compter du jour du décès, lorsque celui dont on recueille la succession est décédé en France; de *huit mois*, s'il est décédé dans toute autre partie de l'Europe; d'*une année*, s'il est mort en Amérique; et de *deux années*, si c'est en Afrique ou en Asie.

Le délai de six mois ne courra que du jour de la mise en possession, pour la succession d'un absent, celle d'un condamné si ses biens sont séquestrés, celle qui aurait été séquestrée pour toute autre cause, celle d'un défenseur de la patrie s'il est mort en activité de service hors de son département, ou enfin celle qui serait recueillie par indivis avec la nation.

Si, avant les derniers six mois des délais fixés pour les déclarations des successions de personnes décédées hors de France, les héritiers prennent possession des biens, il ne restera d'autre délai à courir, pour passer déclaration, que celui de six mois, à compter du jour de la prise de possession.

Art. 25. — Dans les délais fixés par les articles précédents pour l'enregistrement des actes et des déclarations, le jour de la date de l'acte ou celui de l'ouverture de la succession ne sera point compté. Si le dernier jour du délai se trouve être un décadi (dimanche), ou un jour de fête nationale, ou s'il tombe dans les jours complémentaires (supprimés), ces jours-là ne seront point comptés non plus.

TITRE IV. — Des bureaux ou les actes et mutations doivent être enregistrés.

Art. 26. — Les notaires ne pourront faire enregistrer leurs actes qu'aux bureaux dans l'arrondissement desquels ils résident.

Les huissiers et tous autres ayant pouvoir de faire des exploits, procès-verbaux ou rapports, feront enregistrer leurs actes, soit au bureau de leur résidence, soit au bureau du lieu où ils les auront faits. Les greffiers et les secrétaires des administrations centrales et municipales feront enregistrer les actes qu'ils sont tenus de soumettre à cette formalité aux bureaux dans l'arrondissement desquels ils exercent leurs fonctions.

Les actes sous signature privée, et ceux passés en pays étranger, pourront être enregistrés dans tous les bureaux indistinctement.

Art. 27. — Les mutations de propriété ou d'usufruit par décès seront enregistrées au bureau de la situation des biens. — Les héritiers, donataires ou légataires, leurs tuteurs ou curateurs, seront tenus d'en passer déclaration détaillée et de la signer sur le registre.

S'il s'agit d'une mutation, au même titre, de biens meubles, la déclaration en sera faite au bureau dans l'arrondissement duquel ils se sont trouvés au décès de l'auteur de la succession.

Les rentes et les autres biens meubles, sans assiette déterminée lors du décès, seront déclarés au bureau du domicile du décédé.

Les héritiers, légataires ou donataires rapporteront, à l'appui de leurs déclarations de biens meubles, un inventaire ou état estimatif, article par article, par eux certifié s'il n'a pas été fait par un officier public; cet inventaire sera déposé et annexé à la déclaration qui sera reçue et signée sur le registre du receveur de l'enregistrement.

TITRE V. — Du paiement des droits, et de ceux qui doivent les acquitter.

Art. 28. — Les droits des actes et ceux des mutations par décès seront payés avant l'enregistrement, aux taux et quotités réglés par la présente.

Nul ne pourra en atténuer ni différer le paiement, sous le prétexte de contestation sur la quotité, ni pour quelque autre motif que ce soit, sauf à se pourvoir en restitution, s'il y a lieu.

Art. 29. — Les droits à enregistrer sont acquittés, savoir :

Par les notaires, pour les actes passés devant eux;

Par les huissiers et autres ayant pouvoir de faire des exploits et procès-verbaux, pour ceux de leur ministère;

Par les greffiers, pour les actes et jugements (sauf le cas prévu par l'art. 37 ci-après) qui doivent être enregistrés sur les minutes, aux termes de l'art. 7 de la présente, et ceux passés et reçus aux greffes, et pour les extraits, copies et expéditions qu'ils délivrent des jugements qui ne sont pas soumis à l'enregistrement sur les minutes;

Par les secrétaires des administrations centrales et municipales, pour les actes de ces administrations qui sont soumis à la formalité de l'enregistrement, sauf aussi le cas prévu par l'art. 37;

Par les parties, pour les actes sous signature privée, et ceux passés en pays étranger, qu'elles auront à faire enregistrer; pour les ordonnances sur requêtes ou mémoires, et les certificats qui leur sont immédiatement délivrés par les juges; et pour les actes et décisions qu'elles obtiennent des arbitres, si ceux-ci ne les ont pas fait enregistrer;

Et par les héritiers, légataires et donataires, leurs tuteurs et curateurs, et les exécuteurs testamentaires, pour les testaments et autres actes de libéralité à cause de mort.

Art. 30. — Les officiers publics qui, aux termes des dispositions précédentes, auraient fait, pour les parties, l'avance des droits d'enregistrement, pourront prendre exécutoire du juge de paix de leur canton, pour leur remboursement.

L'opposition qui serait formée contre cet exécutoire ainsi que toutes les contestations qui s'élèveraient à cet égard, seront jugées conformément aux dispositions portées par l'art. 65 de la présente, relatif aux instances poursuivies au nom de la nation.

Art. 31. — Les droits des actes civils et judiciaires emportant obligation, libération ou translation de propriété, ou d'usufruit de meubles ou immeubles, seront supportés par les débiteurs et nouveaux possesseurs; et ceux de tous les autres actes le seront par les parties auxquelles les actes profiteront, lorsque, dans ces divers cas, il n'aura pas été stipulé de dispositions contraires dans les actes.

Art. 32. — Les droits des déclarations des mutations par décès seront payés par les héritiers, donataires ou légataires.

Les co-héritiers seront solidaires.

La nation aura action sur les revenus des biens à déclarer, en quelques mains qu'ils se trouvent, pour le paiement des droits dont il faudrait poursuivre le recouvrement.

TITRE VI. — Des peines pour défaut d'enregistrement des actes et déclarations dans les délais, et de celles portées relativement aux omissions, aux fausses estimations et aux contre-lettres (1).

Art. 33. — Les notaires qui n'auront pas fait enregistrer

(1) L'article 10 de la loi du 16 juin 1824 a modifié comme il suit

leurs actes dans les délais prescrits, paieront personnellement, à titre d'amende et pour chaque contravention, une somme de cinquante francs, s'il s'agit d'un acte sujet au droit fixe, ou une somme égale au montant du droit, s'il s'agit d'un acte sujet au droit proportionnel, sans que, dans ce dernier cas, la peine puisse être au-dessous de cinquante francs. Ils seront tenus en outre du paiement des droits, sauf leur recours contre les parties pour ces droits seulement.

Art. 34. — La peine contre un huissier ou autre ayant pouvoir de faire des exploits ou procès-verbaux est, pour un exploit ou procès-verbal non présenté à l'enregistrement dans le délai, d'une somme de vingt-cinq francs, et de plus une somme équivalente au montant du droit de l'acte non enregistré. L'exploit ou procès-verbal non enregistré dans le délai est déclaré nul, et le contrevenant responsable de cette nullité envers la partie.

Ces dispositions, relativement aux exploits et procès-verbaux, ne s'étendent pas aux procès-verbaux de ventes de meubles et autres objets mobiliers, ni à tout autre acte du ministère des huissiers sujet au droit proportionnel. La peine pour ceux-ci sera d'une somme égale au montant du droit, sans qu'elle puisse être au-dessous de cinquante francs. Le contrevenant paiera en outre le droit dû pour l'acte, sauf son recours contre la partie pour ce droit seulement.

Art. 35. — Les greffiers qui auront négligé de soumettre à l'enregistrement, dans le délai fixé, les actes qu'ils sont tenus de présenter à cette formalité, paieront personnellement, à titre d'amende et pour chaque contravention, une somme égale au montant du droit.

Ils acquitteront en même temps le droit, sauf leur recours, pour ce droit seulement, contre la partie.

la pénalité édictée par les lois de l'an VII :

« Toutes les amendes fixes prononcées par les lois sur l'enregistre- » ment, le timbre, les ventes publiques de meubles et le notariat, » ainsi que celles résultant du défaut de mention des patentes dans » les actes et du défaut de consignation des amendes d'appel, sont » réduites, savoir : celles de cinq cents francs, à cinquante francs; » celles de cent francs, à vingt francs; celles de cinquante francs, à » dix francs; et toutes celles au-dessous de cinquante francs, à cinq » francs. »

Art. 36. — Les dispositions de l'article précédent s'appliquent également aux secrétaires des administrations centrales et municipales, pour chacun des actes qu'il leur est prescrit de faire enregistrer, s'il ne les ont pas soumis à l'enregistrement dans le délai.

Art. 37. — Il est néanmoins fait exception aux dispositions des deux articles précédents, quant aux jugements rendus à l'audience, qui doivent être enregistrés sur les minutes, et aux actes d'adjudication passés en séance publique des administrations, lorsque les parties n'auront pas consigné aux mains des greffiers et des secrétaires, dans le délai prescrit pour l'enregistrement, le montant des droits fixés par la loi. Dans ce cas le recouvrement en sera poursuivi contre les parties par les receveurs, et elles supporteront en outre la peine du droit en sus.

Pour cet effet, les greffiers et les secrétaires fourniront aux receveurs de l'enregistrement, dans la décade qui suivra l'expiration du délai, des extraits par eux certifiés des actes et jugements dont les droits ne leur auront pas été remis par les parties, à peine d'une amende de dix francs pour chaque décade de retard (1), et pour chaque acte et jugement, et d'être en outre personnellement contraints au paiement des doubles droits.

Art. 38. — Les actes sous signature privée, et ceux passés en pays étranger, dénommés dans l'article 22, qui n'auront pas été enregistrés dans les délais déterminés, seront soumis au double droit d'enregistrement.

Il en sera de même pour les testaments non enregistrés dans le délai.

Art. 39. — Les héritiers, donataires ou légataires qui n'auront pas fait, dans les délais prescrits, les déclarations des biens à eux transmis par décès, paieront, à titre d'amende, un demi-droit en sus du droit qui sera dû pour la mutation.

(1) « Les amendes progressives prononcées, dans certains cas, » contre les fonctionnaires publics et les officiers ministériels par » les lois sur l'enregistrement et le dépôt des répertoires, sont » réduites à une seule amende de dix francs, quelle que soit la » durée du retard. » (Loi du 16 juin 1824, art. 10.)

La peine pour les omissions qui seront reconnues avoir été faites dans les déclarations, sera d'un droit en sus de celui qui se trouvera dû pour les objets omis, il en sera de même pour les insuffisances constatées dans les estimations des biens déclarés.

Si l'insuffisance est établie par un rapport d'experts, les contrevenants paieront en outre les frais de l'expertise.

Les tuteurs et curateurs supporteront personnellement les peines ci-dessus, lorsqu'ils auront négligé de passer les déclarations dans les délais, ou qu'ils auront fait des omissions ou estimations insuffisantes.

Art. 40. — Toute contre-lettre, faite sous signature privée, qui aurait pour objet une augmentation du prix stipulé dans un acte public ou dans un acte sous signature privée, précédemment enregistré, est déclarée nulle et de nul effet.

Néanmoins, lorsque l'existence en sera constatée, il y aura lieu d'exiger, à titre d'amende, une somme triple du droit qui aurait eu lieu, sur les sommes et valeurs ainsi stipulées.

TITRE VII. — Des obligations des notaires, huissiers, greffiers, secrétaires, juges, arbitres, administrateurs et autres officiers ou fonctionnaires publics; des parties et des receveurs, indépendamment de celles imposées sous les titres précédents.

Art. 41. — Les notaires, huissiers, greffiers et les secrétaires des administrations centrales et municipales ne pourront délivrer en brevet, copie ou expédition, aucun acte soumis à l'enregistrement sur la minute ou l'original, ni faire aucun autre acte en conséquence, avant qu'il ait été enregistré, quand même le délai pour l'enregistrement ne serait pas encore expiré, à peine de cinquante francs d'amende, outre le paiement du droit. — Sont exceptés les exploits et autres actes de cette nature qui se signifient à parties ou par affiches et proclamations et les effets négociables compris sous l'art. 69, paragraphe 2, nombre 6 de la présente. — A l'égard des jugements qui ne sont assujettis à l'enregistrement que sur les expéditions, il est défendu aux greffiers, sous les mêmes peines, d'en délivrer aucune, même par simple note ou extrait, aux parties ou autres intéressés, sans l'avoir fait enregistrer.

Art. 42. — Aucun notaire, huissier, greffier, secrétaire ou autre officier public ne pourra faire ou rédiger un acte en vertu d'un acte sous signature privée, ou passé en pays étranger, l'annexer à ses minutes, ni le recevoir en dépôt, ni en délivrer extrait, copie ou expédition, s'il n'a été préalablement enregistré, à peine de cinquante francs d'amende, et de répondre personnellement du droit, sauf l'exception mentionnée dans l'article précédent.

Art. 43. — Il est également défendu, sous la même peine de cinquante francs d'amende, à tout notaire ou greffier, de recevoir aucun acte en dépôt sans dresser acte du dépôt.

Sont exceptés les testaments déposés chez les notaires par les testateurs.

Art. 44. — Il sera fait mention, dans toutes les expéditions des actes publics, civils ou judiciaires qui doivent être enregistrés sur la minute, de la quittance des droits, par une transcription littérale et entière de cette quittance.

Pareille mention sera faite dans les minutes des actes publics, civils, judiciaires ou extra-judiciaires, qui se feront en vertu d'actes sous signatures privées, ou passés en pays étranger, et qui sont soumis à l'enregistrement par la présente. — Chaque contravention sera punie par une amende de dix francs.

Art. 45. — Les greffiers qui délivreront des secondes et subséquentes expéditions des actes et jugements assujettis au droit proportionnel, mais qui ne sont pas dans le cas d'être enregistrés sur les minutes, seront tenus de faire mention, dans chacune de ces expéditions, de la quittance du droit payé pour la première expédition, par une transcription littérale de cette quittance. — Ils feront également mention, sur la minute de chaque expédition délivrée, de la date de l'enregistrement et du droit payé. — Toute contravention à ces dispositions sera punie d'une amende de dix francs.

Art. 46. — Dans le cas de fausse mention d'enregistrement, soit dans une minute, soit dans une expédition, le délinquant sera poursuivi par la partie publique, sur la dénonciation du préposé de la régie, et condamné aux peines prononcées pour le faux.

Art. 47. — Il est défendu aux juges et arbitres de rendre aucun jugement, et aux administrations centrales et municipales de prendre aucun arrêté en faveur des particuliers, sur des actes non enregistrés, à peine d'être personnellement responsables des droits.

Art. 48. — Toutes les fois qu'une condamnation sera rendue ou qu'un arrêté sera pris sur un acte enregistré, le jugement, la sentence arbitrale ou l'arrêté en fera mention, et énoncera le montant du droit payé, la date du paiement et le nom du bureau où il aura été acquitté; en cas d'omission, le receveur exigera le droit, si l'acte n'a pas été enregistré dans son bureau; sauf restitution, dans le délai prescrit, s'il est ensuite justifié de l'enregistrement de l'acte sur lequel le jugement aura été prononcé ou l'arrêté pris.

Art. 49. — Les notaires, huissiers, greffiers et les secrétaires des administrations centrales et municipales, tiendront des répertoires à colonnes, sur lesquels ils inscriront jour par jour, sans blanc ni interligne et par ordre de numéros, savoir :

1° Les notaires, tous les actes et contrats qu'ils recevront, même ceux qui seront passés en brevet, à peine de dix francs d'amende pour chaque omission;

2° Les huissiers, tous les actes et exploits de leur ministère, sous peine d'une amende de cinq francs pour chaque omission;

3° Les greffiers, tous les actes et jugements qui, aux termes de la présente, doivent être enregistrés sur les minutes, à peine d'une amende de dix francs pour chaque omission;

4° Et les secrétaires, tous les actes des administrations qui doivent aussi être enregistrés sur les minutes, à peine d'une amende de dix francs pour chaque omission.

Art. 50. — Chaque article du répertoire contiendra :

1° Son numéro;

2° La date de l'acte;

3° Sa nature;

4° Les noms et prénoms des parties et leur domicile;

5° L'indication des biens, leur situation et le prix, lorsqu'il s'agira d'actes qui auront pour objet la propriété, l'usufruit ou la jouissance de biens-fonds;

6° La relation de l'enregistrement.

Art. 51. — Les notaires, huissiers, greffiers et les secrétaires des administrations centrales et municipales, présenteront, tous les trois mois, leurs répertoires aux receveurs de l'enregistrement de leur résidence qui les viseront et qui énonceront dans leur *visa* le nombre d'actes inscrits. Cette présentation aura lieu chaque année, dans la première décade (dix premiers jours) de chacun des mois de nivôse, germinal, messidor et vendémiaire (janvier, avril, juillet et octobre), à peine d'une amende de dix francs pour chaque décade de retard.

Art. 52. — Indépendamment de la représentation ordonnée par l'article précédent, les notaires, huissiers, greffiers et secrétaires, seront tenus de communiquer leurs répertoires à toute réquisition, aux préposés de l'enregistrement qui se présenteront chez eux pour les vérifier, à peine d'une amende de cinquante francs en cas de refus. — Le préposé, dans ce cas, requerra l'assistance d'un officier municipal ou de l'agent (du maire), ou de l'adjoint de la commune du lieu, pour dresser, en sa présence, procès-verbal du refus qui lui aura été fait.

Art. 53. — Les répertoires seront cotés et paraphés, savoir : ceux des notaires, huissiers et greffiers de la justice de paix, par le juge de paix de leur domicile; ceux des greffiers des tribunaux, par le président; et ceux des secrétaires des administrations, par le président de l'administration (le préfet ou le sous-préfet).

Art. 54. — Les dépositaires des registres de l'état civil, ceux des rôles des contributions, et tous autres chargés des archives et dépôts de titres publics, seront tenus de les communiquer, sans déplacer, aux préposés de l'enregistrement, à toute réquisition, et de leur laisser prendre, sans frais, les renseignements, extraits ou copies qui leur seront nécessaires pour les intérêts de la République, à peine de cinquante francs d'amende pour refus constaté par procès-verbal du préposé, qui se fera accompagner, ainsi qu'il est prescrit par l'art. 52 ci-dessus, chez les détenteurs et dépositaires qui auront fait refus. — Ces dispositions s'appliquent aussi aux notaires, huissiers, greffiers et secrétaires des administrations centrales et municipales, pour les actes dont ils sont dépositaires. — Sont exceptés les testaments et autres actes de libéralité à cause de mort, du vivant des testateurs. — Les communications ci-dessus ne pourront être exigées les jours de repos; et les séances, dans chaque autre jour ne pourront durer plus de quatre heures, de la part des préposés, dans les dépôts où ils feront leurs recherches.

Art. 55. — Les notices des actes de décès, qui, aux termes de l'art. 5 de la loi du 13 fructidor an VI, relative à la célébration des décadis, doivent être remises, pour chaque décade, au chef-lieu du canton, par les officiers publics ou les agents de communes faisant fonctions d'officiers publics, seront transcrites sur un registre particulier tenu par les secrétaires des administrations municipales.

Ces secrétaires fourniront par quartier (trimestre), aux receveurs de l'enregistrement de l'arrondissement, les relevés, par eux certifiés, des dits actes de décès. Ils seront délivrés sur papier non timbré, et remis dans les mois de nivôse, germinal, messidor et vendémiaire (janvier, etc.), à peine d'une amende de trente francs pour chaque mois de retard. Ils en retireront récépissé, aussi sur papier non timbré.

Art. 56. — Les receveurs de l'enregistrement ne pourront, sous aucun prétexte, lors même qu'il y aurait lieu à l'expertise, différer l'enregistrement des actes et mutations dont les droits auront été payés aux taux réglés par la présente.

Ils ne pourront non plus suspendre ou arrêter le cours des procédures, en retenant des actes ou exploits : cependant, si un acte dont il n'y a pas de minutes, ou un exploit, contient des renseignements dont la trace puisse être utile pour la découverte des droits dus, le receveur aura la faculté d'en tirer copie, et de la faire certifier conforme à l'original par l'officier qui l'aura présenté. En cas de refus, il pourra réserver l'acte pendant vingt-quatre heures seulement, pour s'en procurer une collation en forme, à ses frais, sauf répétition s'il y a lieu.

Cette disposition est applicable aux actes sous signature privée qui seront présentés à l'enregistrement.

Art. 57. — La quittance de l'enregistrement sera mise sur l'acte enregistré, ou sur l'extrait de la déclaration du nouveau possesseur. — Le receveur y exprimera en toutes lettres la date de l'enregistrement, le folio du registre, le numéro et la somme des droits perçus. — Lorsque l'acte renfermera plusieurs dispositions opérant chacune un droit particulier, le receveur les indiquera sommairement dans sa quittance, et y énoncera distinctement la quotité de chaque droit perçu, à peine d'une amende de dix francs pour chaque omission.

Art. 58. — Les receveurs de l'enregistrement ne pourront délivrer d'extraits de leurs registres que sur une ordonnance du juge de paix, lorsque ces extraits ne seront pas demandés par quelqu'une des parties contractantes ou leurs ayant-cause. — Il leur sera payé un franc pour recherche de chaque année indiquée, et cinquante centimes pour chaque extrait, outre le papier timbré; ils ne pourront rien exiger au delà.

Art. 59. — Aucune autorité publique, ni la régie, ni ses préposés, ne peuvent accorder de remise ou modération des droits établis par la présente, et des peines encourues, ni en suspendre ou faire suspendre le recouvrement sans en devenir personnellement responsable.

TITRE VIII. — Des droits acquis, et des prescriptions.

Art. 60. — Tout droit d'enregistrement perçu régulièrement en conformité de la présente, ne pourra être restitué, quels que soient les événements ultérieurs, sauf les cas prévus par la présente.

Art. 61. — Il y a prescription pour la demande des droits, savoir :

1° Après deux années, à compter du jour de l'enregistrement, s'il s'agit d'un droit non perçu sur une disposition particulière dans un acte, ou d'un supplément de perception insuffisamment faite, ou d'une fausse évaluation dans une déclaration, et pour la constater par voie d'expertise;

Les parties seront également non recevables, après le

même délai, pour toute demande en restitution de droits perçus;

2° Après trois années, aussi à compter du jour de l'enregistrement, s'il s'agit d'une omission de biens dans une déclaration faite après décès;

3° Après cinq années, à compter du jour du décès, pour les successions non déclarées.

Les prescriptions ci-dessus seront suspendues par des demandes signifiées et enregistrées avant l'expiration des délais, mais elles seront acquises irrévocablement si les poursuites commencées sont interrompues pendant une année, sans qu'il y ait d'instance devant les juges compétents, quand même le premier délai pour la prescription ne serait pas expiré.

Art. 62. — La date des actes sous signature privée ne pourra cependant être opposée à la République pour prescription des droits et peines encourues, à moins que ces actes n'aient acquis une date certaine par le décès de l'une des parties ou autrement.

TITRE IX. — Des poursuites et instances.

Art. 63. — La solution des difficultés qui pourront s'élever, relativement à la perception des droits d'enregistrement, avant l'introduction des instances, appartient à la régie.

Art. 64. — Le premier acte de poursuite pour le recouvrement des droits d'enregistrement et le paiement des peines et amendes prononcées par la présente, sera une contrainte; elle sera décernée par le receveur ou préposé de la régie; elle sera visée et déclarée exécutoire par le juge de paix du canton où le bureau est établi, et elle sera signifiée. L'exécution de la contrainte ne pourra être interrompue que par une opposition formée par le redevable et motivée, avec assignation à jour fixe devant le tribunal civil du département (1). Dans ce cas, l'opposant sera tenu d'élire domicile dans la commune où siége le tribunal.

(1) De l'arrondissement.

Art. 65. — L'introduction et l'instruction des instances auront lieu devant les tribunaux civils de département (d'arrondissement), la connaissance et la décision en sont interdites à toutes autres autorités constituées et administratives. L'instruction se fera par simples mémoires respectivement signifiés. Il n'y aura d'autres frais à supporter, pour la partie qui succombera, que ceux du papier timbré, des significations et du droit d'enregistrement des jugements. Les tribunaux accorderont, soit aux parties, soit aux préposés de la régie qui suivront les instances, le délai qu'ils leur demanderont pour produire leurs défenses, il ne pourra néanmoins être de plus de trois décades (un mois). — Les jugements seront rendus dans les trois mois, au plus tard, à compter de l'introduction des instances, sur le rapport d'un juge fait en audience publique, et sur les conclusions du commissaire du Directoire exécutif (ministère public); ils seront sans appel, et ne pourront être attaqués que par voie de cassation.

Art. 66. — Les frais de poursuites payés par les préposés de l'enregistrement pour les articles tombés en non-valeur pour cause d'insolvabilité reconnue des parties condamnées, leur seront remboursées sur l'état qu'ils en rapporteront à l'appui de leurs comptes. L'état sera taxé sans frais par le tribunal civil du département (1), et appuyé de pièces justificatives.

TITRE X. — De la fixation des droits.

Les droits à percevoir pour l'enregistrement des actes et mutations sont et demeurent fixés aux taux et quotités tarifiés par les articles 68 et 69 suivants.

(Suit le tarif modifié en grande partie aujourd'hui. Voir ci-après V.)

TITRE XII. — Des lois précédentes sur l'enregistrement et de l'exécution de la présente.

Art. 71. — Il sera établi de nouvelles bases pour l'administration de l'enregistrement par une loi particulière. —

(1) De l'arrondissement.

En attendant, les lois qui existent sur son organisation, sa manutention et ses frais de régie, continueront d'être exécutées.

Art. 72. — La formalité de l'insinuation des donations entre vifs continuera d'être donnée dans les bureaux de recette de l'enregistrement, dans les formes et sous les peines portées par les lois subsistantes, jusqu'à ce qu'il en ait été autrement ordonné.

Art. 73. — Toutes les lois rendues sur les droits d'enregistrement et toutes dispositions d'autres lois y relatives, sont et demeurent abrogées pour l'avenir. — Elles continueront d'être exécutées, à l'égard des actes faits et des mutations par décès effectuées avant la publication de la présente. — Les affaires actuellement en instance seront suivies d'après les lois en vertu desquelles elles ont été intentées. — La présente sera exécutée à compter du jour de sa publication.

IV. — Voici maintenant les modifications apportées par les lois subséquentes à quelques-uns des principes énoncés par la loi organique de l'an VII.

D'abord, la loi du 27 ventôse an IX (18 mars 1801) a ordonné la perception du droit proportionnel de vingt francs en vingt francs, fixé le minimum de ce droit à vingt-cinq centimes, et soumis au double droit les mutations verbales immobilières en propriété ou en usufruit, lorsqu'elles n'ont pas fait l'objet d'une déclaration à l'enregistrement dans les trois mois de leur date, ainsi que les excédants de valeur constatés par expertise. — L'article 17 de la même loi établit que l'instruction des instances aura lieu sur simples mémoires respectivement signifiés, sans plaidoiries.

La loi du 15 novembre 1808 complète les articles 17, 18 et 19 de la loi du 22 frimaire an VII, relatifs aux demandes en expertises d'immeubles situés dans le ressort de plusieurs tribunaux, attribue la connaissance de l'instance à celui de ces tribunaux où se trouve le siége de l'exploitation des immeubles à expertiser, et renvoie les experts, pour la prestation du serment, devant le juge de paix du canton où ils sont situés.

La loi du 28 avril 1816 assujettit à l'enregistrement sur la minute tous les jugements et dispense les greffiers, dans certains cas, de faire l'avance des droits. — L'art. 32 titre 5 de la loi de l'an VII n'avait soumis les héritiers au paiement des droits que dans le cas de décès constaté; la loi de 1816 (art. 40) étend la disposition de cet article aux héritiers et légataires de celui dont l'absence est déclarée, et fixe à six mois du jour de leur envoi en possession provisoire le délai de la déclaration qu'ils auront à fournir au receveur de l'enregistrement, — Enfin, dans son article 56, cette loi modifie l'art. 41 de la loi primitive, en autorisant l'énonciation dans un acte d'un acte non encore enregistré, à condition de le soumettre à la formalité en même temps que le second.

La loi du 16 juin 1824 a fait plus encore; elle a permis aux notaires de faire des actes en vertu d'actes non encore enregistrés, à la condition d'exécuter les prescriptions indiquées ci-dessus. Elle a également réduit les amendes prononcées par les lois sur l'enregistrement, le timbre, etc., et cette réduction a été maintenue.

Enfin, par son article 6, la loi du 16 juin 1824 a voulu favoriser les réclamations des contribuables en admettant à l'enregistrement *gratis* les actes de poursuites ayant pour objet le recouvrement de toutes les sommes dues à l'État qui n'excéderaient pas cent francs.

La loi du 24 mai 1834 a autorisé les notaires à rédiger concurremment avec les huissiers les actes de protêt.

La loi du 25 juin de la même année, relative aux *transmissions d'offices*, a seulement apporté quelques modifications au tarif établi.

Celle du 18 mai 1850 a consacré dans son article 10 une disposition importante : celle de l'assimilation des meubles aux immeubles pour la perception des droits exigibles sur les transmissions entre vifs à titre gratuit ou par décès. Cette loi modifie également la loi primitive en mettant au nombre des valeurs assujetties aux droits d'enregistrement les inscriptions sur le grand-livre de la dette publique et les actions dans tous les fonds publics, les compagnies et sociétés d'industrie et de finances, même étrangères, dépendant d'une succession régie par la loi française, ainsi que les transmissions entre vifs de ces mêmes valeurs.

Les articles 11 et 12 de cette loi ont également modifié les prescriptions établies par le titre 8 de la loi de l'an VII, relatives au paiement des droits de mutation par décès, comme l'article 14 de la loi du 16 juin 1824 les avait modifiées en ce qui concerne le recouvrement des amendes de contravention aux lois sur le timbre et sur les ventes de meubles (1).

La loi du 3 mai 1841 concernant l'*expropriation pour cause d'utilité publique*, celle du 10 décembre 1850 relative au *mariage des indigents*, et celle du 22 janvier 1851 sur l'*assistance judiciaire*, ont étendu le bénéfice de la gratuité exceptionnelle et de la formalité en débet établies pour quelques actes par le titre 11 de la loi de l'an VII.

Enfin, les lois du 6 prairial an VII, du 14 juillet 1855,

(1) Ces prescriptions sont étendues à cinq années pour les omissions et à dix années pour les successions non déclarées.

du 22 juillet 1862, et celle du 3 juin 1864, modificative de la dernière loi, sans altérer les principes posés par la loi de l'an VII, ont aggravé seulement le tarif primitif en augmentant d'un ou de deux décimes par franc le principal des droits.

V. — TARIF DES DROITS EN VIGUEUR AUJOURD'HUI.

Abandonnement	fixe.	5 f. »»
— pour fait d'assurance en temps de paix.		1 00 °/₀
— — — en temps de guerre.		» 50 °/₀
Acceptation	fixe.	2 »»
— au greffe	fixe.	3 »»
Acceptilation, V. Quittance.		
Achalandage, V. Vente de meubles.		
Acquiescement	fixe.	2 »»
— au greffe	fixe.	3 »»
Acte de complément, s'il ne forme pas le titre d'une nouvelle convention	fixe.	2 »»
Acte de l'état civil		exempt.
Acte imparfait	fixe.	2 »»
Acte innommé	fixe	2 »»
Acte de notoriété	fixe.	2 »»
Acte (translatif de propriété) relatif à des biens situés hors du territoire français	fixe.	10 »»
Acte respectueux	fixe.	2 »»
Acte de suscription	fixe.	2 »»
Actions et obligations (Transmission d') au porteur, sur le capital		» 12 °/₀
— — — nominatives		» 20 °/₀
— des gouvernements étrangers (Transmission d') sur moitié de la valeur au cours de ces actions		» 12 °/₀
Obligations des gouvernements étrangers (Transmission d') sur la totalité, id.		» 20 °/₀
Adhésion	fixe.	2 »»
Adjudication, V. Vente d'immeubles.		

Adoption ordinaire	fixe.	50	»»
— testamentaire	fixe.	2	»»
Affectation hypothécaire	fixe.	2	»»
Affirmation et vérification de créances	fixe.	3	»»
— de voyage	fixe.	1 f, 3 f. ou 5	»»
Aliments fournis en exécution des art. 206-207 C. N.		»	20 °/₀
Antichrèse		2	»» °/₀
Appel	fixe.	5 f., 10 f. ou 25	»» °/₀
Apprentissage (Brevet d')	fixe.	1	»»
Arbitres (Nomination d')	fixe.	3 f., 5	»»
Arbitrage, V. Sentence arbitrale.			
Arpentage (Procès-verbal d')	fixe.	2	»»
Assurance (Police d')		1	»» °/₀
Attestation	fixe.	2	»»
Autorisation	fixe.	2	»»
Aval		exempt.	
— par acte séparé	fixe.	2	»»
Avis de parents	fixe.	4	»»
Bail à durée limitée de meubles ou d'immeubles		»	20 °/₀
— à durée illimitée de biens meubles		2	»» °/₀
— — de biens immeubles		4	»» °/₀
— d'ouvrage ou d'industrie constituant un marché		1	»» °/₀
Bornage (Procès-verbal de)	fixe.	2	»» °/₀
Bourse contre les chances du tirage au sort	fixe.	5	»» °/₀
Caisse de retraite pour la vieillesse (Actes concernant la)		gratis ou exempts.	
Capitaine de navire (Rapport de)	fixe.	2	»»
Carence (Procès-verbal de)	fixe.	2	»»
Carrières (Cession d'exploitation de)		2	»» °/₀
Cautionnement		»	50 °/₀
Chambres des avoués, notaires, etc., V. Extraits de jugements.			
Chemins vicinaux (Actes concernant la construction, l'entretien ou la réparation des)	fixe.	1	»»
Codicille	fixe.	5	»»
Collocation		»	50 °/₀
Command. Déclaration dans les 24 heures du contrat.	fixe.	3	»»

Command. Après les 24 heures. Vente de meubles. .. 2 »» %
— — Vente d'immeubles. .. 4 »» %
Commission de garde-particulier.............. fixe. 2 »»
Comparution devant notaire..... .... fixe. 2 »»
Compensation.................................. » 50 %
Compromis..................................... fixe. 3 »»
Compte de tutelle (Récepissé de)............. fixe. 2 »»
— (Arrêté de solde)............ fixe. 2 »»
— (Arrêté de) sur le reliquat non soldé. 1 »» %
Compulsoire (Procès-verbal de)............. . fixe. 2 »»
Concession dans les cimetières perpétuelle ou trentenaire 4 »» %
— temporaire............ » 20 %
Conciliation (Procès-verbal de)............... fixe. 1 »»
Condamnation, sauf les exceptions mentionnées au mot jugement.................. » 50 %
— à des dommages-intérêts............ 2 »» %
Connaissement................................ fixe. 3 »»
Conseil de préfecture (Arrêté du) en matière de roulage. exempt.
Consentement................................. fixe. 2 »»
Constitution d'avoué (Acte de)......... 50 cent., 1 f. ou 3 »»
Contrainte (Signification de). Contributions publ. fixe. 1 »»
— pour recouvrement de sommes au-dessous de 100 francs, id..................... gratis.
Contrat à la grosse... .... » 50 %
— de mariage........................ fixe. 5 »»
Contre-lettre s. s. p................ .... triple droit.
Contributions indirectes, procès-verbaux........ fixe. 2 »»
— autres actes. V. Contrainte.
Copie collationnée......... .... fixe. 2 »»
— figurée............................... fixe. 2 »»
Crédit (Ouverture de)......................... fixe. 2 »»
— (Réalisation de)........................... 1 »» %
Dation en paiement — créances................... 1 »» %
— — meubles................... 2 »» %
— — immeubles................. 5 50 %
(Un seul droit est exigible. Pour le surplus V. Quittance.)
Décharge..................................... fixe. 2 »»
Déclaration.................................. fixe. 2 »»

Délaissement par hypothèque	fixe.		2	»»
Délégation de sommes			1	»» °/o
Délivrance de legs	fixe.		2	»»
Dépôt	fixe.		2	»»
Désaveu (Acte au greffe)	fixe. 3 f. ou		5	»»
Désistement	fixe.		2	»»
Devis	fixe.		2	»»
Donation éventuelle	fixe.		5	»»
— entre vifs :				
par contrat de mariage	en ligne directe	meubles..	1	25 °/o
		immeubles	2	75 °/o
	entre époux	meubles..	1	50 °/o
		immeubles	3	»» °/o
	en ligne collatérale :			
	1° entre frères et sœurs, oncles et tantes, neveux et nièces	meubles..	4	50 °/o
		immeubles	4	50 °/o
	2° entre grands-oncles, grand' tantes, petits-neveux, petites-nièces, cousins germains	meubles..	5	»» °/o
		immeubles	5	»» °/o
	3° du quatrième degré jusqu'au douzième	meubles..	5	50 °/o
		immeubles	5	50 °/o
	entre étrangers	meubles..	6	»» °/o
		immeubles	6	»» °/o
hors contrat de mariage	en ligne directe	meubles..	2	50 °/o
		immeubles	4	»» °/o
	entre époux	meubles..	3	»» °/o
		immeubles	4	50 °/o
	en ligne collatérale :			
	1° entre frères et sœurs, oncles et tantes, neveux et nièces	meubles..	6	50 °/o
		immeubles	6	50 °/o
	2° entre grands-oncles, grand' tantes, petits-neveux, petites-nièces, cousins germains	meubles..	7	»» °/o
		immeubles	7	»» °/o
	3° du quatrième degré jusqu'au douzième	meubles..	8	»» °/o
		immeubles	8	»» °/o
	entre étrangers	meubles..	9	»» °/o
		immeubles	9	»» °/o

Donation à titre de partage anticipé, meubles et immeub. 1 »» %
Dot d'une religieuse. Communauté autorisée .... 2 »» %
— Communauté non autorisée. fixe. 5 »»
Douanes. Procès-verbaux .... fixe. 2 »»
Droits litigieux. (Retrait autorisé par l'art. 1699 C. N.) » 50 %
Droits successifs (Cession de) mobiliers .... 2 »» %
— — immobiliers .... 5 50 %
Échange .... 2 50 %
— Retours d'échange .... 5 50 %
Effet de commerce. Billet à ordre .... » 50 %
— Lettre de change .... » 25 %
Élections. (Actes concernant les) .... gratis.
Émancipation .... fixe. 10 »»
Endossement d'un effet non négociable .... 1 »» %
Entérinement. V. Jugement.
Envoi en possession. V. Jugement.
État .... fixe. 2 »»
— de dettes .... fixe. 2 »»
— estimatif .... fixe. 2 »»
— — pour déclaration de succession .... exempt.
— d'inscriptions .... exempt.
— de lieux .... fixe. 2 »»
Exécutoire de dépens .... Minimum 1 fr. ou » 50 %
Expédition d'acte de l'état civil .... fixe. 5 »»
Expert. (Procès-verbal d') .... fixe. 2 »»
— (Serment d') .... fixe. 1 f., 3 f. et 5 »»
— — (Dispense de) ...... fixe. id. id. id.
Exploit. Signification d'avoué à avoué. fixe. 50 c., 1 f. ou 3 »»
— Assignation devant les prud'hommes.... fixe. » 50
— Avec partie civile concernant la police.. fixe. 1 »»
— Concernant les justices de paix .... fixe. 1 50
— Concernant les tribunaux de 1re instance. fixe. 2 »»
— Concernant les Cours impériales .... fixe. 3 »»
— Concernant la Cour de cassation .... fixe. 5 »»
— Concernant la police ordinaire .... 1 fr. débet
— Recours en cassation ou au Conseil d'État. fixe. 25 »»
— — quand le condamné est détenu. fixe. 25 fr. débet.

— Concernant le recouvrement des contributions publiques et autres sommes dues à l'État, quand la cote est inférieure en total à 100 fr. gratis.

— Si elle est supérieure à 100 francs..... fixe. 1 »»

— Concernant la garde nationale.............. gratis.

— Concernant les forêts. V. Exploits relatifs à la police ordinaire.

Expropriation pour cause d'utilité publique. (Actes relatifs à l')........ .... gratis.

Extraits délivrés par les Chambres des avoués, etc. fixe. 1 »»

Faillite. Déclaration au greffe... .... fixe. 3 »»

— Dépôt de bilan . ... fixe. 3 »»

— (Jugement déclaratif de).............. fixe. 5 »»

— (Certificat d'apposition d'affiches concernant la)............................ fixe. 2 »»

— (Procès-verbal d'apposition et levée de scellés après)........................... fixe. 2 »»

— (Inventaire après).... .... fixe. 2 »»

— (Vente de meubles après)................. » 50 °/o

— (Concordat après)..................... fixe. 3 »»

— (Union de créanciers après) .... fixe. 3 »»

Gage. (Contrat de).... .... » 50 °/o

Gain de survie. (Stipulation de) .... fixe. 5 »»

Garde champêtre. V. Procès-verbal et Serment.

Greffe (Droits de). *V. Examen de deuxième année.*

Indemnité de sommes ou valeurs.................... » 50 °/o

Indigents. (Pièces à produire pour le mariage des).... gratis.

Insertion. (Certificat d').................. fixe. 1 f. ou 2 »»

Interdiction. (Jugement d')..................... fixe. 15 »»

Interrogatoire....................... fixe. 1 f., 3 f. ou 5 »»

Inventaire. (Par vacation)........ .... fixe 2 »»

Jugement préparatoire, interlocutoire et d'instruction, ou portant condamnation de sommes dont le droit proportionnel ne s'élève pas au minimum. Justice de paix .. .. fixe. 1 »»

Tribunal civil .... fixe. 3 »»

— de police et criminel................ fixe. 1 »»

— définitif de justice de paix, dans les termes de l'art. 68 § 2 n° 5, loi du 22 frim. an VII. fixe. 2 »»

— hors compétence de justice de paix ... fixe. 3 »»

— définitif des tribunaux civils et de commerce, dans les termes de l'art. 45 titre 7, loi du 28 avril 1816 .... fixe. 5 »»

— hors compétence des dits tribunaux et celui rendu par les arbitres.... .... fixe. 10 »»

— préparatoire des Cours impériales..... fixe. 5 »»

— définitif — ..... fixe. 10 »»

— préparatoire de la Cour de cassation.. fixe. 10 »»

— définitif — .. fixe. 25 »»

— des tribunaux civils portant interdiction ou séparation entre époux, lorsque le droit proportionnel ne s'élève pas à 15 fr.... fixe. 15 »»

— quand il s'élève au delà .... fixe. 25 »»

— des tribunaux civils portant adoption ou divorce . ... fixe. 50 »»

— des Cours suprêmes confirmant l'adopt^{on}. fixe. 100 »»

Legs. V. Succession.

Lettre de change. V. Effets de commerce.

— de crédit. V. Effets de commerce.

— missive ne contenant aucune convention qui donnerait lieu à la perception du droit proportionnel.................. .... fixe. 2 »»

— patente portant confirm^{on} du titre de comte. fixe. 20 »»

— — — — de baron. fixe. 10 »»

— — — — de chevalier. fixe. 5 »»

— — portant collation du titre de duc.... fixe. 3000 »»

— — — de marquis et comte. fixe. 1200 »»

— — — de vicomte........ fixe. 800 »»

— — — de baron.......... fixe. 600 »»

— — — de chevalier.. .... fixe. 12 »»

— — portant lettres de noblesse .... fixe. 120 »»

— — portant déclaration de naturalité.. fixe. 20 »»

— — portant autorisation de servir à l'étranger .... fixe. 100 »»

— — portant dispense d'âge p^r le mariage. fixe. 20 »»
— — — de parenté — fixe. 40 »»
— — portant renouvellement d'anciennes armoiries :
pour les villes de 1re classe... fixe. 30 »»
— de 2e classe..... fixe. 20 »»
— de 3e classe..... fixe. 10 »»
— — portant collation d'armoiries aux villes de :
1re classe.................... fixe. 120 »»
2e classe.................... fixe. 80 »»
3e classe.................... fixe. 40 »»

(Il est en outre dû un droit de sceau pour chaque collation ou confirmation par le Conseil du sceau des titres.)

Licitation et retour de partage immobilier.......... 4 »» °/₀
Mainlevée................................ fixe. 2 »»
Mandat. V. Procuration.
Marchés dont le prix est payé par le Trésor..... fixe. 2 »»
— entre particuliers........................ 1 »» °/₀
— entre particuliers contenant vente de marchandises........................ 2 »» °/₀
— réputés actes de commerce........... fixe. 2 »»
Mémoire................................ fixe. 2 »»
Militaires et marins (Actes concernant les).......... exempts.
Mines. Aliénation du sol et de la redevance.......... 5 50 °/₀
— — de la redevance à un étranger...... 2 »» °/₀
— — — à un des concessionnaires. » 50 °/₀
Monts de piété. (Actes concernant les).............. exempts.
Nantissement. V. Antichrèse et Gage.
Naufrage. V. Capitaine et Inventaire.
Navire ou de *bateau*. (Vente de).............. fixe. 2 »»
Notoriété. V. Acte de notoriété.
Novation.................. suivant les cas. 1 »» °/₀ ou 2 »» °/₀
Obligation................................ 1 »» °/₀
Octroi. (Procès-verbaux des employés d')....... fixe. 2 »»
Office. (Cession d')................................ 2 »» °/₀
Offres réelles acceptées.............................. » 50 °/₀
— refusées.............................. 1 »» °/₀
Opposition.............................. fixe. 2 »»
Ordonnances. Justices de paix.................. fixe. 1 »»

— Tribunaux de simple police et de police correctionnelle ou criminelle.... fixe. 1 »»
— Tribunaux de première instance et de commerce.................. fixe. 3 »»
— Cours impériales............... fixe. 5 »»
Ordre judiciaire. (Sur le montant des collocations.)... » 50 %
— amiable ne content ni quittance ni délégation. fixe. 1 »»
Partage. V. Licitation...................... fixe. 5 »»
Partage d'ascendant. V. Donation à titre de partage anticipé.
— (Retour mobilier dans un)................ 2 »» %
— (— immobilier —)................ 4 »»
— testamentaire........................ fixe. 5 »»
(Les retours sont soumis aux mêmes droits que ceux des partages d'ascendants.)
Passage. (Cession de droit de)... .. .. 5 50 %
Permis d'exploiter ... . enregistrement pr mémoire.
Plan .... fixe. 2 »»
Postes. (Procès-verbaux à la requête de l'admon des) fixe. 2 »»
Préciput conventionnel........................ fixe. 5 »»
Prêt. V. Obligation
— sur dépôt.............................. fixe. 2 »»
Procès-verbal de délits et contraventions aux réglements généraux de police dressé à la requête du ministère public par les gendarmes, gardes champêtres, gardes forestiers, gardes et commissaires des chemins de fer, commissaires de police, gardes-pêche, gardes du génie, maires, vérificateurs des poids et mesures, agents des ponts-et-chaussées et des services télégraphiques...................... fixe. 2 »» débet.
Promesse de mariage........................ fixe. 2 »»
— de vente ne valant vente............. fixe. 2 »»
Prorogation de délai................ .... fixe. 2 »»
Protêt .... fixe. 1 »»
— (Dénonciation de).... .... fixe. 1 »»
Prud'hommes. (Actes concernant les Conseils de) ..... gratis.
— Si l'objet de la demande excède 25 fr. fixe. 0 50 en débet
Quittance .... » 50 %

Ratification .... fixe. 2 »»

Récépissé .... fixe. 2 »»

— de dépôt de marchandises aux magasins généraux .... fixe. 1 »»

Recognitif (Titre) .... fixe. 2 »»

Récolement .... fixe. 2 »»

Récoltes (Vente de). V. Vente de meubles.

Reconnaissance ne content ni obligaton ni quittance. fixe. 2 »»

— de dettes. V. Obligation.

— d'écritures .... fixe. 2 »»

— d'enfant naturel (sur l'expédition de l'acte de l'état civil ou par acte notarié). fixe. 5 »»

Récusation de juge de paix .... fixe. 2 »»

— de juges devant les tribunaux civils et les Cours .... fixe. 3 f. ou 5 »»

Référé. V. Ordonnance.

Réméré. (Retrait dans les délais fixés de) .... » 50 %

— (Retrait après l'expiration du délai de) ...... 5 50 %

Remploi. (Déclaration de) .... fixe. 2 »»

Renonciation .... fixe. 2 »»

— au greffe .... fixe. 3 »»

Rente. (Constitution ou cession de) .... 2 »» %

— antérieure à la loi du 11 brum. an VII. (Cession de) 3 50 %

— (Remboursement de) .... » 50 %

Rescription sur les caisses de l'État. .... exempt.

Résolution conditionnelle .... fixe. 2 »»

— rétrocession d'immeubles par jugement .... 4 »» %

— volontaire — .... 5 50 %

— — de meubles .... 2 »» %

— pour défaut de paiement du prix .... fixe. 2 »»

— volontaire dans les vingt-quatre heures (droit de transcription en sus) .... fixe. 2 »»

Rétractation ou révocation .... fixe. 2 »»

Retrait. V. Réméré.

Retrocession. V. Résolution.

Réunion d'usufruit. V. Usufruit.

Saisie-arrêt ou opposition (Procès-verbal de) ... fixe. 2 »»

— (Dénonciation de) .... fixe. 2 »»

Saisie-brandon. (Procès-verbal de) .... fixe. 2 »»

Saisie-exécution. (Procès-verbal de) .... fixe. 2 »»
— avec gardien autre que le saisi, en sus. 2 »»
Saisie foraine. (Procès-verbal de)............. fixe. 2 »»
Saisie-gagerie. — .... fixe. 2 »»
Saisie immobilière, par séance. (Procès-verbal de). fixe. 2 »»
Scellés (Procès-verbal d'apposition et de levée de), par vacation .... fixe. 4 »»
— après faillite V. Faillite.
Séparation. V. Extrait et Jugement.
Séquestre. V. Jugement des tribunaux civils.
Serment des agréés, avoués, avocats, commissaires des chemins de fer, commissaires priseurs, des agents des contributions directes, des contributions indirectes et des agents forestiers, receveurs des hospices, employés des postes et des maisons de détention, préposés au mesurage du sel et vérificateurs des poids et mesures, dont le traitement excède 500 fr.; des receveurs de l'enregistrement, des capitaines et lieutenants de douanes, des greffiers et commis-greffiers des Cours et tribunaux, des huissiers des tribunaux civils, et des notaires... fixe. 15 »»
— des gardes généraux, gardes à cheval et gardes forestiers *(exceptionnellement)* .... fixe. 3 »»
— des courtiers de commerce, gardes champêtres, gardes-mines, gardes particuliers, gardes-pêche, gardes du génie, des huissiers des justices de paix, des agents des ponts-et-chaussées, des employés des lignes télégraphiques, des débitants de tabac.................................. fixe. 3 »»
— des surnuméraires des diverses administrations, des syndics provisoires des faillites, des gardes messiers, des gardes-ventes, des imprimeurs, des interprètes, des préposés à la recette des droits de place et des courriers convoyeurs............... fixe. 1 »»

Nota. — Quant aux autres Prestations de serment des fonctionnaires chargés de la surveillance de l'ordre public ou dont la mission a pour objet un intérêt général, elles sont enregistrables *gratis* ou *exemptes d'enregistrement.*

Signification. V. Exploit.

Société	fixe.	5	»»	
— V. Adhésion.				
— (Dissolution de)	fixe.	5	»»	
Sommation	fixe.	2	»»	
Soulte V. Partage.				
Soumission acceptée		1	»»	%
Subrogation conventionnelle		1	»»	%
— légale prévue par l'art. 1251 C. N.		»	50	%
Subrogé-tuteur (Nomination de). V. Avis de parents.				
Substitution dans un testament. V. Transcription.				
Succession en ligne directe, meubles et immeubles		1	»»	%
— entre époux, —		3	»»	%
— en ligne collatérale :				
1° entre frères et sœurs, oncles et tantes, neveux et nièces, meubles et immeubl.		6	50	%
2° entre grands-oncles, grand'tantes, petits-neveux, petites-nièces, cousins germains, meubles et immeubles		7	»»	%
3° du quatrième degré jusqu'au douzième, meubles et immeubles		8	»»	%
— entre étrangers, meubles et immeubles		9	»»	%
Surenchère. (Acte de)	fixe.	3	»»	
Taxe. V. Exécutoire de dépens.				
Testament	fixe.	5	»»	
Titre nouvel	fixe.	3	»»	
Tontine. V. Société.				
Transaction ne contenant pas stipulation de sommes ou valeurs	fixe.	3	»»	
Transcription (Droit de)		1	50	%
Tuteur (Nomination de). V. Avis de parents.				
Usufruit. (Réunion à la propriété de l')	fixe.	3	»»	

Nota. — Quand la réunion de l'usufruit à la nue propriété a lieu pour un prix supérieur à celui sur lequel le droit a été perçu lors de l'aliénation de la propriété, — ou lorsque (comme dans le cas de mutation par décès) le droit de transcription n'a pas été perçu lors de la transmission de la nue propriété et que la réunion de l'usufruit à cette nue propriété s'opère par un acte à titre onéreux ou gratuit, le droit proportionnel de vente ou celui de transcription est exigible; — ce dernier en outre du droit fixe.

Warrant..........................	»	50 %
Vente d'immeubles et de servitudes ou services fonciers.	5	50 %
— (Promesse acceptée de).....................	5	50 %
— de meubles et récoltes.....................	2	» »
— de marchandises avariées en mer........ fixe.	2	» »
— de marchandises neuves....................	»	50 %
— de marchandises en gros....................	»	10 %

Voirie. V. Procès-verbal.

(Voir pour le Tarif des Amendes l'*Examen de deuxième année*.)

ARTICLE III.

I. Timbre. Nature et origine de l'impôt du timbre, et diverses espèces de timbre. — II. Texte de la loi du 13 brumaire an VII. — III. Notions sur les lois qui l'ont modifiée. — IV. De la formalité du visa pour valoir timbre et des timbres mobiles.

Le maximum de points accordé est 10.

I. — Le *timbre* est un impôt établi sur tous les papiers destinés aux actes publics, aux actes sous signatures privées susceptibles d'être produits en justice, aux affiches, aux journaux, etc. On emploie le mot *timbre* pour désigner tantôt l'impôt lui-même, tantôt l'empreinte apposée sur les papiers.

L'origine de l'impôt du timbre est fort ancienne.

Justinien (Novelle 44), pour éviter les altérations que subissaient souvent les actes publics, ordonna qu'ils seraient désormais écrits sur des papiers revêtus d'une marque spéciale, avec défense aux juges de prononcer sur les actes qui ne porteraient point la marque désignée par l'édit. Le timbre, déjà en vigueur en Hollande et en Espagne en 1555, fut introduit en France en 1655. Un premier édit du mois de mars de cette année relatif à l'établissement du timbre n'eut pas de suite, et ce ne fut qu'en 1673 qu'un nouvel édit de Louis XIV ordonna l'impression pour chaque nature d'actes et de mutations de *formules* marquées en tête de la feuille de parchemin ou de papier d'une fleur de lis sous laquelle était indiqué le droit exigible. Ces formules étaient vendues pour le compte du Trésor, et leur nom de formules provenait de ce qu'en effet le libellé généralement adopté pour chaque nature d'actes était imprimé sur chaque feuille revêtue du timbre, et que les blancs seuls restaient à remplir par les tabellions ou greffiers.

Ce système fut bientôt abandonné, et les papiers frappés d'un droit en raison de leur dimension portèrent seulement imprimés la fleur de lis, le nom de la généralité et le droit perçu.

Plusieurs édits se succédèrent qui furent tous abrogés par la loi du 11 février 1791. Cette loi substitua à la formule un impôt assez semblable à celui qui existe aujourd'hui sous le nom de *timbre* et le divisa en deux catégories : l'une en raison de la dimension du papier, l'autre en raison des sommes.

Enfin la loi du 13 brumaire an VII abrogea elle-même la législation antérieure sur la matière et forme encore aujourd'hui le code du timbre, comme la loi du 22 frimaire an VII est le code de l'enregistrement.

En voici le texte :

II. — LOI DU 13 BRUMAIRE AN VII.

TITRE Ier. — De l'établissement et de la fixation des droits.

Art. 1er. — La contribution du timbre est établie sur tous les papiers destinés aux actes civils et judiciaires, et aux écritures qui peuvent être produites en justice et y faire foi. Il n'y a d'autres exceptions que celles *nommément* exprimées dans la présente.

Art. 2. — Cette contribution est de deux sortes. La première est le droit du timbre imposé et tarifié en raison de la dimension du papier dont il est fait usage. La seconde est le droit du timbre créé pour les effets négociables ou de commerce et gradué en raison des sommes à y exprimer, sans égard à la dimension du papier.

Art. 3. — Les papiers destinés au timbre qui seront débités par la régie, seront fabriqués dans les dimensions déterminées suivant le tableau ci-après :

DÉNOMINATIONS.	Dimensions (en parties du mètre) de la feuille déployée (supposée rognée).		
	HAUTEUR.	LARGEUR.	SUPERFICIE
Grand registre	0.4204	0.5946	0.2500
Grand papier	0.3536	0.5000	0 1768
Moyen papier (moitié du gd registre)	0.2973	0.4204	0.1250
Petit papier (moitié du grand papier)	0.2500	0 3536	0 0884
Demi-feuille (moitié du petit papier)	0.2500	0 1768	0.0442
Effets de commerce (moitié de la demi-feuille du petit papier, coupée en long)	0.0884	0.2500	0.0221

Ils porteront un filigrane particulier, imprimé dans la pâte même à la fabrication.

Art. 4. — Il y aura des timbres particuliers pour les différentes sortes de papiers. — Les timbres pour le droit établi sur la dimension seront gravés pour être appliqués en noir. — Ceux pour le droit gradué en raison des sommes, seront gravés pour être frappés à sec. — Chaque timbre portera distinctement son prix et aura pour légende les mots : *République française.*

Art. 5. — Les timbres pour le droit établi sur la dimension, porteront, en outre, le nom du département où ils seront employés. — Cette distinction particulière n'aura pas lieu pour les timbres relatifs aux effets de commerce.

Art. 6. — L'empreinte à apposer sur les papiers que fournira la régie, sera appliquée au haut de la partie gauche de la feuille (non déployée), de la demi-feuille, et du papier pour effets de commerce.

Art. 7. — Les citoyens qui voudront se servir de papiers autres que ceux de la régie, ou de parchemin, seront admis à les faire timbrer avant que d'en faire usage. On emploiera pour ce service les timbres relatifs; mais l'empreinte sera appliquée au haut du côté droit de la feuille. — Si les papiers ou le parchemin se trouvent être de dimensions différentes de celles des papiers de la régie, le timbre, quant au droit établi, en raison de la dimension, sera payé au prix du format supérieur.

Art. 8. — Le prix des papiers timbrés fournis par la régie, et les droits de timbre des papiers que les citoyens feront timbrer, sont fixés ainsi qu'il suit, savoir :

1° Droit de timbre, en raison de la dimension du papier (1) . . .

(1) Le droit à raison de la dimension du papier a été établi ainsi qu'il suit par la loi du 2 juillet 1862 :

Petit papier, la demi-feuille.	0 f.	50 cent.
id. la feuille.	1	» »
Moyen papier, la feuille	1	50
Grand papier, la feuille	2	» »
Grand registre, la feuille.	3	» »

Il n'y a point de droit de timbre inférieur à 0,50 centimes, ni supérieur à 3 fr., quelle que soit d'ailleurs la dimension du papier, soit au-dessous de la *demi-feuille petit papier*, soit au-dessus du *grand registre*.

2° Droit de timbre gradué en raison de sommes

Ce droit est de cinquante centimes par mille francs, inclusivement et sans fraction, à quelques sommes que puissent monter les effets.

Art. 9. — Il y aura cinq timbres pour le droit établi en raison de la dimension du papier. — Le nombre des timbres pour les effets de commerce et autres compris dans l'art. 14 ci-après, sera de onze, savoir : le premier, de cinquante centimes; le deuxième, d'un franc; le troisième, de deux francs; le quatrième, de trois francs; le cinquième, de quatre francs; le sixième, de cinq francs; le septième, de six francs; le huitième, de sept francs; le neuvième, de huit francs; le dixième, de neuf francs; et le onzième, de dix francs.

Art. 10. — Les papiers pour effets de mille francs et au-dessous, seront timbrés avec l'empreinte de cinquante centimes. — Ceux pour effets de 1 à 2,000 francs, de 3 à 4,000, de 5 à 6,000, de 7 à 8,000, de 9 à 10,000, de 11 à 12,000, de 13 à 14,000, de 15 à 16,000, de 17 à 18,000, de 19 à 20,000 francs, inclusivement, seront frappés des timbres correspondants 1, 2, 3, 4, 5, 6. 7, 8, 9, 10 francs. — Et ceux pour effets de 2 à 3,000, de 4 à 5,000, de 6 à 7,000, de 8 à 9,000, de 10 à 11,000, de 12 à 13,000, de 14 à 15,000, de 16 à 17,000, de 18 à 19,000 francs, seront frappés de deux empreintes (1), savoir : ceux pour effets de 2 à 3,000 francs avec l'empreinte de 1 franc et celle de 50 centimes. — Ceux pour effets de 4 à 5,000 francs avec l'empreinte de 2 francs et celle de 50 centimes. — Et ainsi de suite de 1,000 en 1,000 jusques et y compris les papiers pour effets de 18 à 19,000 francs, qui seront timbrés avec l'empreinte de 9 francs et celle de 50 centimes. — Lorsqu'il s'agira d'employer pour second timbre celui de cinquante centimes, il sera appliqué du même côté que le timbre supérieur, et immédiatement au-dessous de celui-ci. — Indépendamment des timbres, il sera apposé, à l'extrémité de la partie du papier opposée aux timbres,

(1) Il n'y a plus pour ces effets qu'une seule empreinte indiquant la somme qu'ils comportent.

une empreinte en noir, qui indiquera la somme pour laquelle l'effet peut être tiré (1).

Art. 11. — Les citoyens qui voudront faire des effets au-dessus de 20,000 francs, seront tenus de présenter les papiers qu'ils y destineront, au receveur de l'enregistrement, et de les faire viser pour timbre, en payant le droit de cinquante centimes par mille francs sans fraction, ainsi qu'il est réglé par l'art. 8 de la présente.

TITRE II. — De l'application des droits.

Art. 12. — Sont assujettis au droit de timbre, établi en raison de la dimension, tous les papiers à employer pour les actes et écritures, soit publics, soit privés, savoir :

1° Les actes des notaires et les extraits, copies et expéditions qui en sont délivrés; — ceux des huissiers et les copies et expéditions qu'ils en délivrent;

Les actes et les procès-verbaux des gardes et de tous autres employés et agents ayant droit de verbaliser, et les copies qui en sont délivrées;

Les actes et jugements de la justice de paix, des bureaux de paix et de conciliation, de la police ordinaire, des tribunaux et des arbitres, et les extraits, copies et expéditions qui en sont délivrés; — les actes particuliers des juges de paix et de leurs greffiers; ceux des autres juges et des commissaires du Directoire exécutif (magistrats du ministère public); et ceux reçus aux greffes ou par les greffiers, ainsi que les extraits, copies et expéditions qui s'en délivrent;

(1) Le droit de timbre proportionnel sur tous les effets négociables de commerce a été fixé comme il suit par la loi du 5 juin 1850, art 1er :

Pour les effets	de 100 francs et au-dessous..	» f.	05 cent.
—	de 100 à 200 francs.	»	10
—	de 200 à 300 francs.	»	15
—	de 300 à 400 francs.	»	20
—	de 400 à 500 francs.	»	25
—	de 500 à 1,000 fr. sans fraction.	»	50
—	de 1,000 à 2,000 francs . . .	1	»
—	de 2,000 à 3,000 francs . . .	1	50

Et ainsi, en suivant la même progression et sans fraction, jusqu'à 20,000 francs.

Les actes des avoués ou défenseurs officieux près les tribunaux, et les copies ou expéditions qui en sont faites ou signifiées; — les consultations, mémoires, observations et précis signés des hommes de loi et défenseurs officieux;

Les actes des autorités constituées administratives, qui sont assujettis à l'enregistrement, ou qui se délivrent aux citoyens, et toutes les expéditions et extraits des actes, arrêtés et délibérations des dites autorités, qui sont délivrés aux citoyens;

Les pétitions ou mémoires, même en forme de lettres, présentés au Directoire exécutif (au gouvernement), aux Ministres, à toutes les autorités constituées, aux commissaires de la trésorerie nationale, à ceux de la comptabilité nationale, aux directeurs de la liquidation générale, et aux administrations ou établissements publics;

Les actes entre particuliers sous signature privée, et le double des comptes de recette ou gestion particulière;

Et généralement tous actes et écritures, extraits, copies et expéditions, soit publics, soit privés, devant ou pouvant faire titre, ou être produits pour obligation, décharge, justification, demande ou défense;

2° Les registres de l'autorité judiciaire où s'écrivent des actes sujets à l'enregistrement sur les minutes, et les répertoires des greffiers;

Ceux des administrations centrales et municipales, tenus pour objets qui leur sont particuliers, n'ayant point de rapport à l'administration générale et les répertoires de leurs secrétaires;

Ceux des notaires, huissiers et autres officiers publics et ministériels, et leurs répertoires;

Ceux des receveurs des droits et des revenus des communes et des établissements publics;

Ceux des fermiers des postes et messageries;

Ceux des compagnies et sociétés d'actionnaires;

Ceux des établissements particuliers et des maisons particulières d'éducation;

Ceux des agents d'affaire, directeurs, régisseurs, syndics de créanciers et entrepreneurs de travaux et fournitures; — ceux des banquiers, négociants, armateurs, marchands, fabricants, commissionnaires, agents de change, courtiers, ouvriers et artisans; — ceux des aubergistes, maitres d'hôtels garnis et logeurs, sur lesquels ils doivent inscrire les noms des personnes qu'ils logent;

Et généralement tous livres, registres et minutes de lettres qui sont de nature à être produits en justice et dans le cas d'y faire foi, ainsi que les extraits, copies et expéditions qui sont délivrés des dits livres et registres.

Art. 13. — Tout acte fait ou passé en pays étranger, ou dans les îles et colonies françaises où le timbre n'aurait pas encore été établi, sera soumis au timbre avant qu'il puisse en être fait aucun usage en France, soit dans un acte public, soit dans une déclaration quelconque, soit devant une autorité judiciaire ou administrative.

Art. 14. — Sont assujettis au droit de timbre en raison des sommes et valeurs, les billets à ordre ou au porteur, les rescriptions, mandats, mandements, ordonnances et tous autres effets négociables ou de commerce, même les lettres de change tirées par seconde, troisième et *duplicata*, et ceux faits en France et payables chez l'étranger.

Art. 15. — Les effets négociables venant de l'étranger, ou des îles et colonies françaises où le timbre n'aurait pas encore été établi, seront, avant qu'ils puissent être négociés, acceptés ou acquittés en France, soumis au timbre, ou au *visa pour timbre*.

TITRE III. — Des actes et registres non soumis a la formalité du timbre.

Art. 16. — Sont exceptés du droit et de la formalité du timbre, savoir :

1° Les actes du Corps législatif, et ceux du Directoire exécutif (du gouvernement);

Les minutes de tous les actes, arrêtés, décisions et délibérations de l'administration publique en général, et de tous établissements publics, dans tous les cas où aucun de ces actes n'est sujet à l'enregistrement sur la minute, et les extraits, copies et expéditions qui s'expédient ou se délivrent par une administration ou un fonctionnaire public à une autre administration publique ou à un fonctionnaire public, lorsqu'il y est fait mention de cette destination.

Les inscriptions sur le grand livre de la dette nationale, et les effets publics; tous les compte-rendus par des comptables publics, — les doubles, autres que celui du comptable, de chaque compte de recette ou gestion particulière et privée;

Les quittances de traitement et émoluments des fonctionnaires et employés salariés par l'État.

Les quittances ou récépissés délivrés aux collecteurs et receveurs de deniers publics; celles que les collecteurs des contributions directes peuvent délivrer au contribuable; celles des contributions indirectes qui s'expédient sur les actes; et celles de toutes autres contributions qui se délivrent sur feuilles particulières et qui n'excèdent pas dix francs;

Les quittances de secours payés aux indigents et des indemnités pour incendies, inondations, épizooties et autres cas fortuits;

Toutes autres quittances, même celle entre particuliers, pour créances en sommes non excédant dix francs, quand il ne s'agit pas d'un à-compte ou d'une quittance finale sur une plus forte somme;

Les engagements, enrôlements, congés, certificats, cartouches, passeports, quittances pour prêt et fournitures, billets d'étapes, de subsistances et de logement, et autres pièces ou écritures concernant les gens de guerre, tant pour le service de terre que pour le service de mer;

Les pétitions présentées au Corps législatif, celles qui ont pour objet des demandes de congés absolus et limités, et de secours, et les pétitions des déportés et réfugiés des colonies, tendant à obtenir des certificats de résidence, passeports et passages pour retourner dans leur pays; — les certificats d'indigence; les rôles qui sont fournis pour l'appel des causes;

Les actes de police générale et de vindicte publique, et ceux de commissaires du Directoire exécutif, (magistrats du ministère public), non soumis à la formalité de l'enregistrement, et les copies des pièces de procédure criminelle qui doivent être délivrées sans frais;

2° Les registres de toutes les administrations publiques et des établissements publics pour ordre et administration générale;

Ceux des tribunaux, des accusateurs publics et des commissaires du Directoire exécutif, où il ne se transcrit aucune minute d'actes soumis à la formalité de l'enregistrement;

Ceux des receveurs des contributions publiques, et autres préposés publics.

TITRE IV. — Des obligations respectives des notaires, huissiers, greffiers, secrétaires des administrations, arbitres et experts, des diverses autorités publiques, des préposés de la régie et des citoyens, et peines prononcées contre les contrevenants.

Art. 17. — Les notaires, huissiers, secrétaires des administrations centrales et municipales, et autres officiers et fonctionnaires publics, les arbitres et les avoués ou défenseurs officieux ne pourront employer, pour les actes qu'ils rédigeront, et leurs copies et expéditions, d'autre papier que celui timbré du département où ils exercent leurs fonctions.

Art. 18. — La faculté accordée par l'art. 7 de la présente, aux citoyens qui voudront employer d'autre papier que celui fourni par la régie, en le faisant timbrer avant d'en faire usage, est interdite aux notaires, greffiers, huissiers et arbitres, avoués ou défenseurs officieux, et autres officiers ou fonctionnaires publics; ils seront tenus de se servir du papier timbré fourni par la régie. — Les administrations publiques seulement conserveront cette faculté. — Les notaires et autres officiers publics pourront néanmoins faire timbrer, à l'extraordinaire, du parchemin, lorsqu'ils seront dans le cas d'en employer.

Art. 19. — Les notaires, greffiers, arbitres et secrétaires des administrations, ne pourront employer, pour les expéditions qu'ils délivreront des actes retenus en minute, et de ceux déposés ou annexés, de papier timbré d'un format inférieur à celui appelé *moyen papier*, et dont le prix est fixé à 75 centimes la feuille (1), par l'art. 8 de la présente. Ce prix sera aussi celui du timbre du parchemin que l'on voudra employer pour expédition, sans égard à la dimension, si toutefois elle est au-dessus de celle de ce papier. — Les huissiers et autres officiers publics ou ministériels ne pourront non plus employer de papier timbré d'une dimension inférieure à celle du *moyen papier*, pour les expéditions des procès-verbaux de ventes de mobilier.

Art. 20. — Des papiers employés à des expéditions ne pourront contenir, compensation faite d'une feuille à l'autre, savoir : — Plus de vingt-cinq lignes par page de moyen papier; — plus de trente lignes par page de grand papier; — et plus de trente-cinq lignes par page de grand registre.

Art. 21. — L'empreinte du timbre ne pourra être couverte d'écriture ni altérée.

Art. 22. — Le papier timbré qui aura été employé à un acte quelconque, ne pourra plus servir pour un autre acte, quand même le premier n'aurait pas été achevé.

Art. 23. — Il ne pourra être fait ni expédié deux actes à la suite l'un de l'autre sur la même feuille de papier timbré, nonobstant tout usage ou réglement contraire. — Sont exceptés : les ratifications des actes passées en l'absence des parties, les quittances des prix de vente, et celles de remboursement de contrats de constitution ou d'obligation, les inventaires, procès-verbaux et autres actes qui ne peuvent être consommés dans un même jour et dans la même vacation, les procès-verbaux de reconnaissance et levée de scellés qu'on pourra faire à la suite du procès-verbal d'apposition, et les significations des huissiers qui peuvent également être écrites à la suite des jugements et autres pièces dont il a été délivré copie. Il pourra aussi être donné plusieurs quittances sur une même feuille de papier timbré, pour à-compte d'une seule et même créance ou d'un seul terme de fermage ou loyer. — Toutes autres quittances qui seront données sur une même feuille de papier timbré, n'auront pas plus d'effet que si elles étaient sur papier non timbré.

(1) Aujourd'hui 1 fr. 50 c.

Art. 24. — Il est fait défense aux notaires, huissiers, greffiers, arbitres et experts d'agir, aux juges de prononcer aucun jugement, et aux administrations publiques de rendre aucun arrêté sur un acte, registre ou effet de commerce non écrit sur papier timbré du timbre prescrit ou non visé pour timbre.

Aucun juge ou officier public ne pourra non plus coter et parapher un registre assujetti au timbre, si les feuilles n'en sont timbrées.

Art. 25. — Il est également fait défense à tout Receveur de l'enregistrement : — 1° d'enregistrer aucun acte qui ne serait pas sur papier timbré du timbre prescrit, ou qui n'aurait pas été visé pour timbre; — 2° d'admettre à la formalité de l'enregistrement des protêts d'effets négociables, sans se faire représenter ces effets en bonne forme; — 3° de délivrer de patente aux citoyens dont les registres doivent être tenus en papier timbré, si ces registres ne leur sont préalablement représentés aussi en bonne forme. — Les citoyens seront, en conséquence, tenus d'en justifier.

Art. 26. — Il est prononcé, par la présente, une amende, savoir : 1° De 15 francs, pour contravention, par les particuliers, aux dispositions de l'art. 21 ci-dessus; — 2° de 35 fr. pour contravention aux art. 20 et 21, par les officiers et fonctionnaires publics; — 3° de 30 fr. pour chaque acte ou écrit sous signature privée fait sur papier non timbré, ou en contravention aux art. 22 et 23; — 4° de 50 fr. pour contravention à l'art. 19, de la part des officiers et fonctionnaires publics y dénommés, et à l'art. 25, de la part des préposés de l'enregistrement; — 5° de 100 fr. pour chaque acte public ou expédition écrit sur papier non timbré, et pour contravention aux art. 17, 18, 22, 23 et 24, par les officiers et fonctionnaires publics. — Et du vingtième de la somme exprimée dans un effet négociable, s'il est écrit sur papier non timbré, ou sur un papier timbré d'un timbre inférieur à celui qui aurait dû être employé aux termes de la présente et par contravention aux art. 22 et 23. — L'amende sera de 30 fr., dans les mêmes cas, pour les effets au-dessous de 600 fr. (1).

(1) Modifié par les lois du 16 juin 1824 et 24 mai 1834.

— Les contrevenants, dans tous les cas ci-dessus, paieront en outre les droits de timbre.

Art. 27. — Aucune personne ne pourra vendre ni distribuer du papier timbré, qu'en vertu d'une commission de la régie, à peine d'une amende de 100 fr. pour la première fois et de 300 fr. en cas de récidive. — Le papier qui sera saisi chez ceux qui s'en permettront ainsi le commerce, sera confisqué au profit de la République.

Art. 28. — La peine contre ceux qui abuseraient des timbres pour timbrer et vendre frauduleusement du papier timbré, sera la même que celle prononcée par le code pénal contre les contrefacteurs des timbres.

Art. 29. — Le timbre des quittances fournies à la République, ou délivrées en son nom, est à la charge des particuliers qui les donnent ou les reçoivent; il en est de même pour tous autres actes entre la République et les citoyens.

Art. 30. — Les écritures privées qui auraient été faites sur papier non timbré, sans contravention aux lois du timbre, quoique non comprises nommément dans les exceptions, ne pourront être produites en justice sans avoir été soumises au timbre extraordinaire ou au *visa pour timbre*, à peine d'une amende de 30 fr., outre le droit du timbre.

Art. 31. — Les préposés de la régie sont autorisés à retenir les actes, registres ou effets en contravention à la loi du timbre, qui leur seront présentés, pour les joindre aux procès-verbaux qu'ils en rapporteront, à moins que les contrevenants ne consentent à signer les dits procès-verbaux, ou à acquitter sur-le-champ l'amende encourue et le droit du timbre.

Art. 32. — En cas de refus, de la part des contrevenants, de satisfaire aux dispositions de l'art. précédent, les préposés de la régie leur feront signifier, dans les trois jours, les procès-verbaux qu'ils auront rapportés, avec assignation devant le tribunal civil du département (1). — L'instruction se fera ensuite sur simples mémoires respectivement signifiés. — Les jugements définitifs qui interviendront seront sans appel.

(1) De l'arrondissement.

TITRE V. — Des dispositions particulières.

Art. 37. — Les registres timbrés des timbres actuels ne seront pas soumis aux nouveaux timbres pour les feuilles non encore écrites. — Ceux qui se trouvent assujettis au timbre par la présente, et qui n'avaient pas été soumis à cette formalité par les lois précédentes, seront timbrés seulement pour les feuilles restant en blanc.

Art. 38. — La régie fera déposer au greffe des tribunaux civils et de commerce, et à ceux des tribunaux de police correctionnelle, des empreintes des nouveaux timbres qu'elle aura fait graver : ces empreintes seront apposées sur papier à son filigrane.

Art. 39. — Toutes les lois et dispositions d'autres lois sur le timbre des actes civils et judiciaires et des registres, sont et demeurent abrogées pour l'avenir, et à compter de la publication de la présente. — Les dispositions de la loi du 9 vendémiaire an VI, relatives aux timbres des journaux, gazettes, feuilles périodiques ou papiers-nouvelles, feuilles de papiers-musique, affiches et cartes à jouer, sont maintenues.

La loi relative au *timbre des avis et annonces*, *des affiches et des journaux*, est celle du 9 vendémiaire an VI, dont nous donnons ci-après les articles 56 et 58, modifiés du reste dans une certaine mesure par les lois postérieures.

Art. 56. — Les lettres de voiture, les connaissements, chartes-parties et polices d'assurances, les cartes à jouer, les journaux, gazettes, feuilles périodiques ou papiers-nouvelles, les feuilles de papier-musique, toutes les affiches autres que celles d'actes émanés de l'autorité publique, quelle que soit leur nature ou leur objet, seront assujettis au timbre fixe, ou de dimension.

Art. 58. — Le droit de timbre fixe ou de dimension pour les journaux et affiches sera de cinq centimes pour chaque feuille de 25 décimètres carrés (ou 341 pouces carrés), et de trois centimes pour chaque demi-feuille de même espèce. — Ceux qui voudraient user, pour les dites impressions, de papier dont la superficie serait plus grande que vingt-cinq décimètres carrés pour la feuille entière, et douze décimètres et demi carrés pour la demi-feuille, paieront un centime en sus du droit fixe pour chaque cinq décimètres carrés d'excédant. Le papier sera fourni, dans tous les cas, par les citoyens auxquels il sera nécessaire.

L'impôt sur le timbre du papier-musique et les écrits périodiques consacrés exclusivement à l'agriculture, aux lettres, aux sciences, aux arts, a été abrogé par la loi du 16 juillet 1840, et le décret du 28 mars 1852. La loi du 5 ventôse an XII, a placé la perception du droit de timbre des cartes à jouer dans les attributions de l'administration des contributions indirectes, et celle du 23 juin 1857 (art. 12), a affranchi de cet impôt tous les avis imprimés annonces, catalogues, prospectus, etc.

III. — Parmi les lois et décrets qui ont modifié les principales dispositions de la loi du 13 brumaire an VII, nous citerons la loi du 28 avril 1816 (art. 75), qui établit la solidarité pour le paiement des droits et amendes de timbre entre tous les signataires pour les actes synallagmatiques, entre les prêteurs et les emprunteurs, pour les obligations; les créanciers et les débiteurs pour les quittances; les officiers ministériels et leurs clients, relativement à l'énonciation dans leurs actes d'actes ou de livres non timbrés.

L'art. 76 de la même loi apporte quelques changements au mode de poursuites établi par l'art. 32, titre IV de la loi primitive.

La loi du 16 juin 1824, qui réduit les peines prononcées par la loi de l'an VII;

La loi du 21 avril 1832, qui étend la gratuité déterminée par le titre III aux demandes en décharge ou en réduction de cotes au-dessous de 30 francs, en matière de contributions directes;

La loi du 24 mai 1834 qui étend la solidarité pour le paiement des droits et amendes de timbre aux accepteurs, au premier endosseur des lettres de change et au premier endosseur des billets à ordre, en aggravant la peine pour chacun d'eux;

La loi du 5 juin 1850, qui contient de nouvelles dispositions relativement au timbre des effets de commerce, des bordereaux de commerce, des actions dans les Sociétés, des polices d'assurances ordinaires, des polices d'assurances maritimes.

Enfin, celle du 2 juillet 1862 qui a fixé le prix du papier de dimension actuellement en usage, en aggravant la peine portée contre ceux qui font usage, pour un acte public ou destiné à être tel, de papier non timbré.

Ces lois dont nous venons de donner une analyse très-succinte, ont pour objet principalement les droits de timbre établis sur les papiers destinés aux actes soit publics, soit privés, et pour les effets négociables ou non.

Des lois spéciales régissent le timbre des journaux, des affiches, etc. Nous allons en dire quelques mots :

Les lois du 16 juillet 1840 et du 23 juin 1857 (*suprà*), ont affranchi du timbre certains écrits périodiques et le papier-musique. Le timbre des journaux supprimé également par un décret du Gouvernement provisoire du 4 mars 1848, avait été rétabli par la loi du 16 juillet 1850. Le décret du 17 février 1852, qui régit aujourd'hui la matière, a soumis chaque journal, écrit et recueil de gravures ou lithographies politiques, à un droit de timbre de six centimes ou trois centimes (suivant la dimension de la feuille et le lieu de sa publication), en fixant à un centime ou un centime et demi (suivant les mêmes cas), l'impôt à percevoir sur chaque fraction en sus de dix décimètres carrés.

Les affiches apposées par les particuliers ne peuvent être sur papier de couleur blanche et sont, aux termes de la loi du 28 avril 1816 (art. 65), frappées d'un droit de timbre de dix centimes par chaque feuille de vingt-cinq décimètres carrés, et de cinq centimes par chaque demi-feuille.

Les affiches inscrites sur les murs ou même sur toile sont assujetties à un droit de 50 centimes, lorsqu'elles ont un mètre carré ou au dessous, et à un droit d'un franc lorsqu'elles ont une dimension supérieure. (Loi du 8 juillet 1852, art. 30).

Le droit de timbre des livres de commerce a été supprimé par l'art. 4 de la loi du 20 juillet 1837. et remplacé par l'addition au principal de la contribution des patentes de 3 centimes additionnels. Celui des formules de patentes a été également supprimé par l'art. 12 de la loi du 4 juin 1858, portant qu'en remplacement de ce droit, il est ajouté quatre centimes additionnels au principal de la même contribution.

Les passeports et permis de chasse sont soumis à deux taxes spéciales.

Le timbre de dimension a été appliqué par la loi du 11 juin 1842 (art. 6 et 7), aux lettres de voiture et connaisssements; mais toute expédition circulant sur les chemins de fer, lorsque l'expéditeur ne demande pas de lettre de voiture, doit être constatée, aux termes de la loi du 13 mai 1863, art. 10, par un récépissé soumis à un timbre spécial de 20 centimes.

La loi du 8 juin 1864 a réduit de 50 centimes à 20 centimes le droit de timbre de dimension applicable aux reconnaissances de valeurs cotées et aux quittances de sommes au-dessus de 10 francs délivrées par l'administration des postes.

Des dispositions spéciales concernant le timbre des polices d'assurances sont insérées dans la loi du 5 juin 1850.

Les titres et certificats d'actions dans les sociétés, compagnies et entreprises quelconques de finances, d'industrie et de commerce, sont soumises, depuis la loi du 5 juin 1850 précitée, à un droit de timbre de 50 centimes ou de un franc pour cent francs du capital nominal de ces sociétés ou d'un capital dont la valeur est légalement déterminée. Les titres des obligations négociables des départements, communes et établissements publics, sont également assujettis à un droit de timbre de un pour cent du montant du titre. La cession elle-même de ces titres a été frappée par la loi du 23 juin 1857, d'un droit de vingt centimes par cent francs de la valeur négociée, converti en une taxe annuelle de douze centimes par cent francs du capital légalement formé, pour celles de ces actions transmissibles sans mention du transfert sur les registres de la société.

Enfin, la loi du 8 juin 1864 vient de frapper d'un droit de timbre de un franc par cent francs, du montant de leur valeur nominale, les titres de rentes, emprunts et autres effets publics des gouvernements étrangers.

IV. — Certaines formules imprimées pour lettres de voitures, actes administratifs, actions et effets de commerce, les journaux, les affiches, certains registres des courtiers et des notaires, sont admis au timbre appelé *extraordinaire*, en vertu de l'art. 7 de la loi du 13 brumaire an VII. L'application de ce timbre n'a lieu qu'au chef-lieu du département, dans le bureau du timbre ouvert à cet effet, ou à l'atelier général dans certaines circonstances spéciales (effets de commerce).

On y a suppléé, dans les autres localités, par le *visa pour timbre*, c'est-à-dire une mention signée du receveur, mise à la marge des actes privés qui, faits sur papier non timbré, sans contravention aux lois sur le timbre, ne peuvent être produits en justice sans avoir reçu cette formalité.

Il existe dans chaque bureau un registre destiné à l'inscription du visa pour timbre, mais la loi du 2 juillet 1862, en introduisant et en généralisant l'usage de *timbres mobiles* apposés par certains fonctionnaires sur les papiers dont on veut se servir, a réduit l'usage de la formalité du *visa* aux écrits faits en contravention aux lois sur le timbre, et à ceux qu'elles admettent à la gratuité du visa. Les timbres mobiles sont immédiatement oblitérés par le fonctionnaire qui les a apposés, soit au moyen d'une griffe, soit par une mention datée et signée de lui. Seulement, il est bon d'observer que cette faculté n'est autorisée que pour les cas spéciaux légalement autorisés, et qu'il ne serait pas permis d'en user pour donner la formalité du timbre aux actes qu'on doit écrire sur les papiers de la débite ordinaire.

ARTICLE IV.

Code Napoléon. — Livre II. Titre Ier. De la distinction des biens. — Titre II. De la propriété. — Titre III. De l'usufruit, de l'usage et de l'habitation.

Le maximum de points accordé est 10.

LIVRE II.

TITRE PREMIER. — *De la distinction des biens.*

Loi du 4 pluviose an XII

Art. 516. Tous les biens sont meubles ou immeubles.

CHAPITRE PREMIER.

Des Immeubles.

Art. 517. Les biens sont immeubles ou par leur nature, ou par leur destination, ou par l'objet auquel ils s'appliquent.

518. Les fonds de terre et les bâtiments sont immeubles par leur nature.

519. Les moulins à vent ou à eau, fixes sur piliers et faisant partie du bâtiment, sont aussi immeubles par leur nature.

520. Les récoltes pendantes par les racines, et les fruits des arbres non encore cueillis, sont pareillement immeubles.

Dès que les grains sont coupés, et les fruits détachés, quoique non enlevés, ils sont meubles.

Si une partie seulement de la récolte est coupée, cette partie seule est meuble.

521. Les coupes ordinaires des bois taillis ou des futaies mises en coupes réglées, ne deviennent meubles qu'au fur et à mesure que les arbres sont abattus.

522. Les animaux que le propriétaire du fonds livre au fermier ou au métayer pour la culture, estimés ou non, sont censés immeubles, tant qu'ils demeurent attachés au fonds par l'effet de la convention.

Ceux qu'il donne à cheptel, à d'autres qu'au fermier ou métayer, sont meubles.

523. Les tuyaux servant à la conduite des eaux dans une maison ou autre héritage, sont immeubles, et font partie du du fonds auquel ils sont attachés.

524. Les objets que le propriétaire d'un fonds y a placés pour le service et l'exploitation de ce fonds, sont immeubles par destination.

Ainsi, sont immeubles par destination, quand ils ont été placés par le propriétaire pour le service et l'exploitation du fonds :

Les animaux attachés à la culture;

Les ustensiles aratoires;

Les semences données aux fermiers ou colons partiaires;

Les pigeons des colombiers;

Les lapins des garennes;

Les ruches à miel;

Les poissons des étangs;

Les pressoirs, chaudières, alambics, cuves et tonnes;

Les ustensiles nécessaires à l'exploitation des forges, papeteries et autres usines;

Les pailles et engrais;

Sont aussi immeubles par destination, tous effets mobiliers que le propriétaire a attachés au fonds à perpétuelle demeure.

525. Le propriétaire est censé avoir attaché à son fonds des effets mobiliers à perpétuelle demeure, quand ils y sont scellés à plâtre, ou à chaux, ou à ciment, ou lorsqu'ils ne peuvent être détachés sans être fracturés et détériorés, ou sans briser ou détériorer la partie du fonds à laquelle ils sont attachés.

Les glaces d'un appartement sont censées mises à perpétuelle demeure, lorsque le parquet sur lequel elles sont attachées fait corps avec la boiserie.

Il en est de même des tableaux et autres ornements.

Quant aux statues, elles sont immeubles lorsqu'elles sont placées dans une niche pratiquée exprès pour les recevoir, encore qu'elle puissent être enlevées sans fracture ou détérioration.

526. Sont immeubles, par l'objet auquel ils s'appliquent :

L'usufruit des choses immobilières;

Les servitudes ou services fonciers;

Les actions qui tendent à revendiquer un immeuble.

CHAPITRE II.

Des Meubles.

Art. 527. Les biens sont meubles par leur nature ou par la détermination de la loi.

528. Sont meubles par leur nature, les corps qui peuvent se transporter d'un lieu à un autre; soit qu'ils se meuvent par eux-mêmes, comme les animaux; soit qu'ils ne puissent changer de place que par l'effet d'une force étrangère, comme les choses inanimées.

529. Sont meubles par la détermination de la loi, les obligations et actions qui ont pour objet des sommes exigibles ou des effets mobiliers, les actions ou intérêts dans les compagnies de finance, de commerce ou d'industrie, encore que des immeubles dépendant de ces entreprises appartiennent aux compagnies. Ces actions ou intérêts sont réputés meubles, à l'égard de chaque associé seulement, tant que dure la société.

Sont aussi meubles, par la détermination de la loi, les rentes perpétuelles ou viagères, soit sur la République, soit sur des particuliers.

530. Toute rente établie à perpétuité pour le prix de la vente d'un immeuble, ou comme condition de la cession à titre onéreux ou gratuit d'un fonds immobilier, est essentiellement rachetable.

Il est néanmoins permis au créancier de régler les clauses et conditions du rachat.

Il lui est aussi permis de stipuler que la rente ne pourra lui être remboursée qu'après un certain terme, lequel ne peut jamais excéder trente ans; toute stipulation contraire est nulle.

531. Les bateaux, bacs, navires, moulins et bains sur bateaux, et généralement toutes usines non fixées par des piliers, et ne faisant point partie de la maison, sont meubles : la saisie de quelques-uns de ces objets peut cependant, à cause de leur importance, être soumise à des formes

particulières, ainsi qu'il sera expliqué dans le Code de Procédure civile.

532. Les matériaux provenant de la démolition d'un édifice, ceux assemblés pour en construire un nouveau, sont meubles, jusqu'à ce qu'ils soient employés par l'ouvrier dans une construction.

533. Le mot *meubles*, employé seul dans les dispositions de la loi ou de l'homme, sans autre addition ni désignation, ne comprend pas l'argent comptant, les pierreries, les dettes actives, les livres, les médailles, les instruments des sciences, des arts et métiers, le linge de corps, les chevaux, équipages, armes, grains, vins, foins et autres denrées; il ne comprend pas aussi ce qui fait l'objet d'un commerce.

534. Les mots *meubles meublants* ne comprennent que les meubles destinés à l'usage et à l'ornement des appartements, comme tapisseries, lits, siéges, glaces, pendules, tables, porcelaines, et autres objets de cette nature.

Les tableaux et les statues qui font partie des meubles d'un appartement y sont aussi compris, mais non les collections de tableaux qui peuvent être dans les galeries ou pièces particulières.

Il en est de même des porcelaines; celles seulement qui font partie de la décoration d'un appartement sont comprises sous la dénomination de *meubles meublants*.

535. L'expression *biens meubles*, celle de *mobilier* ou d'*effets mobiliers*, comprennent généralement tout ce qui est censé meuble, d'après les règles ci-dessus établies.

La vente ou le don d'une maison meublée ne comprend que les meubles meublants.

536. La vente ou le don d'une maison, avec tout ce qui s'y trouve, ne comprend pas l'argent comptant ni les dettes actives, et autres droits dont les titres peuvent être déposés dans la maison; tous les autres effets mobiliers y sont compris.

CHAPITRE III.

Des biens, dans leur rapport avec ceux qui les possèdent.

Art. 537. Les particuliers ont la libre disposition des biens qui leur appartiennent, sous les modifications établies par les lois.

Les biens qui n'appartiennent pas à des particuliers, sont administrés et ne peuvent être aliénés que dans les formes et suivant les règles qui leur sont particulières.

538. Les chemins, routes et rues à la charge de la nation, les fleuves et rivières navigables ou flottables, les rivages, lais et relais de la mer, les ports, les havres, les rades et généralement toutes les portions du territoire national qui ne sont pas susceptibles d'une propriété privée, sont considérés comme des dépendances du domaine public.

539. Tous les biens vacants et sans maîtres, et ceux des personnes qui décèdent sans héritiers, ou dont les successions sont abandonnées, appartiennent à la nation.

540. Les portes, murs, fossés, remparts des places de guerre et des forteresses, font aussi partie du domaine public.

541. Il en est de même des terrains des fortifications et remparts des places qui ne sont plus places de guerre : ils appartiennent à la nation, s'ils n'ont été valablement aliénés, ou si la propriété n'en a pas été prescrite contre elle.

542. Les biens communaux sont ceux à la propriété ou au produit desquels les habitants d'une ou plusieurs communes ont un droit acquis.

543. On peut avoir sur les biens ou un droit de propriété, ou un simple droit de jouissance, ou seulement des services fonciers à prétendre.

TITRE SECOND.

Loi du 6 pluviose an XII.

De la Propriété.

Art. 544. — La propriété est le droit de jouir et disposer des choses de la manière la plus absolue, pourvu qu'on n'en fasse pas un usage prohibé par les lois ou par les règlements.

545. Nul ne peut être contraint de céder sa propriété, si ce n'est pour cause d'utilité publique, et moyennant une juste et préalable indemnité.

546. La propriété d'une chose, soit mobilière, soit immobilière, donne droit sur tout ce qu'elle produit, et sur ce qui s'y unit accessoirement, soit naturellement, soit artificiellement.

Ce droit s'appelle *Droit d'accession.*

SECTION PREMIÈRE.

Du droit d'accession sur ce qui est produit par la chose.

Art. 547. Les fruits naturels ou industriels de la terre,

Les fruits civils,

Le croît des animaux, appartiennent au propriétaire par droit d'accession.

548. Les fruits produits par la chose n'appartiennent au propriétaire qu'à la charge de rembourser les frais de labours, travaux et semences, faits par des tiers.

549. Le simple possesseur ne fait les fruits siens que dans le cas où il possède de bonne foi; dans le cas contraire, il est tenu de rendre les produits avec la chose au propriétaire qui la revendique.

550. Le possesseur est de bonne foi quand il possède comme propriétaire, en vertu d'un titre translatif de propriété dont il ignore les vices.

Il cesse d'être de bonne foi du moment où ces vices lui sont connus.

SECTION II.

Du droit d'accession sur ce qui s'unit et s'incorpore à la chose.

Art. 551. Tout ce qui s'unit et s'incorpore à la chose appartient au propriétaire, suivant les règles qui seront ci-après établies.

§ 1er. — *Du Droit d'accession relativement aux choses immobilières.*

Art. 552. La propriété du sol emporte la propriété du dessus et du dessous.

Le propriétaire peut faire au-dessus toutes les plantations et constructions qu'il juge à propos, sauf les exceptions établies au titre IV ci-après, *des Servitudes*.

Il peut faire au-dessous toutes les constructions et fouilles qu'il jugera à propos, et tirer de ses fouilles tous les produits qu'elles peuvent fournir, sauf les modifications résultant des lois et réglements relatifs aux mines, et des lois et réglements de police.

553. Toutes constructions, plantations et ouvrages sur un terrain ou dans l'intérieur, sont présumés faits par le propriétaire à ses frais et lui appartenir, si le contraire n'est prouvé, sans préjudice de la propriété qu'un tiers pourrait

avoir acquise ou pourrait acquérir par prescription, soit d'un souterrain sous le bâtiment d'autrui, soit de toute autre partie du bâtiment.

554. Le propriétaire du sol qui a fait des constructions, plantations et ouvrages avec des matériaux qui ne lui appartenaient pas, doit en payer la valeur : il peut aussi être condamné à des dommages et intérêts, s'il y a lieu; mais le propriétaire des matériaux n'a pas le droit de les enlever.

555. Lorsque les plantations, constructions et ouvrages, ont été faits par un tiers et avec ses matériaux, le propriétaire du fonds a droit ou de les retenir, ou d'obliger celui qui les a faits à les enlever.

Si le propriétaire du fonds demande la suppression des plantations et constructions, elle est aux frais de celui qui les a faites, sans aucune indemnité pour lui : il peut même être condamné à des dommages et intérêts, s'il y a lieu, pour le préjudice que peut avoir éprouvé le propriétaire du fonds.

Si le propriétaire préfère conserver ces plantations et constructions, il doit le remboursement de la valeur des matériaux et du prix de la main-d'œuvre, sans égard à la plus ou moins grande augmentation de valeur que le fonds a pu recevoir. Néanmoins, si les plantations, constructions et ouvrages ont été faits par un tiers évincé, qui n'aura pas été condamné à la restitution des fruits, attendu sa bonne foi, le propriétaire ne pourra demander la suppression des dits ouvrages, plantations et constructions; mais il aura le choix, ou de rembourser la valeur des matériaux et du prix de la main-d'œuvre, ou de rembourser une somme égale à celle dont le fonds a augmenté de valeur.

556. Les atterrissements et accroissements qui se forment successivement et imperceptiblement aux fonds riverains d'un fleuve ou d'une rivière, s'appellent *alluvion*.

L'alluvion profite au propriétaire riverain, soit qu'il s'agisse d'un fleuve ou d'une rivière navigable, flottable ou non; à la charge, dans le premier cas, de laisser le marche-pied ou chemin de halage, conformément aux réglements.

557. Il en est de même des relais que forme l'eau courante

qui se retire insensiblement de l'une de ses rives en se portant sur l'autre. Le propriétaire de la rive découverte profite de l'alluvion, sans que le riverain du côté opposé y puisse venir réclamer le terrain qu'il a perdu.

Ce droit n'a pas lieu à l'égard des relais de la mer.

558. L'alluvion n'a pas lieu à l'égard des lacs et étangs, dont le propriétaire conserve toujours le terrain que l'eau couvre quand elle est à la hauteur de la décharge de l'étang, encore que le volume de l'eau vienne à diminuer.

Réciproquement, le propriétaire de l'étang n'acquiert aucun droit sur les terres riveraines que son eau vient à couvrir dans des crues extraordinaires.

559. Si un fleuve ou une rivière, navigable ou non, enlève, par une force subite, une partie considérable et reconnaissable d'un champ riverain, et la porte vers un champ inférieur ou sur la rive opposée, le propriétaire de la partie enlevée peut réclamer sa propriété; mais il est tenu de former sa demande dans l'année : après ce délai, il n'y sera plus recevable, à moins que le propriétaire du champ auquel la partie enlevée a été unie n'eût pas encore pris possession de celle-ci.

560. Les îles, îlots, attérissements qui se forment dans le lit des fleuves ou des rivières navigables ou flottables, appartiennent à la nation, s'il n'y a titre ou prescription contraire.

561. Les îles et attérissements qui se forment dans les rivières non navigables et non flottables appartiennent aux propriétaires riverains du côté où l'île s'est formée : si l'île n'est pas formée d'un seul côté, elle appartient aux propriétaires riverains des deux côtés, à partir de la ligne qu'on suppose tracée au milieu de la rivière.

562. Si une rivière ou un fleuve, en se formant un bras nouveau, coupe et embrasse le champ d'un propriétaire riverain et en fait une île, ce propriétaire conserve la propriété de son champ, encore que l'île se soit formée dans un fleuve ou dans une rivière navigable ou flottable.

563. Si un fleuve ou une rivière navigable, flottable ou non, se forme un nouveau cours en abandonnant son ancien lit, les propriétaires des fonds nouvellement occupés prennent,

4

à titre d'indemnité, l'ancien lit abandonné, chacun dans la proportion du terrain qui lui a été enlevé.

564. Les pigeons, lapins, poissons, qui passent dans un autre colombier, garenne ou étang, appartiennent au propriétaire de ces objets, pourvu qu'ils n'y aient point été attirés par fraude et artifice.

§ 2. — *Du Droit d'accession, relativement aux choses mobilières.*

Art. 565. Le droit d'accession, quand il a pour objet deux choses mobilières, appartenant à deux maîtres différents, est entièrement subordonné aux principes de l'équité naturelle.

Les règles suivantes serviront d'exemple au juge pour se déterminer, dans les cas non prévus, suivant les circonstances particulières.

566. Lorsque deux choses appartenant à différents maîtres, qui ont été unies de manière à former un tout, sont néanmoins séparables, en sorte que l'une puisse subsister sans l'autre, le tout appartient au maître de la chose qui forme la partie principale, à la charge de payer à l'autre la valeur de la chose qui a été unie.

567. Est réputée partie principale celle à laquelle l'autre n'a été unie que pour l'usage, l'ornement ou le complément de la première.

568. Néanmoins, quand la chose unie est beaucoup plus précieuse que la chose principale, et quand elle a été employée à l'insu du propriétaire, celui-ci peut demander que la chose unie soit séparée pour lui être rendue, même quand il pourrait en résulter quelque dégradation de la chose à laquelle elle a été jointe.

569. Si, de deux choses unies pour former un seul tout, l'une ne peut point être regardée comme l'accessoire de l'autre, celle-là est réputée principale qui est la plus considérable en valeur, ou en volume, si les valeurs sont à peu près égales.

570. Si un artisan ou une personne quelconque a employé une matière qui ne lui appartenait pas à former une chose d'une nouvelle espèce, soit que la matière puisse ou non reprendre sa première forme, celui qui en était le proprié-

taire a le droit de réclamer la chose qui en a été formée, en remboursant le prix de la main-d'œuvre.

571. Si cependant la main-d'œuvre était tellement importante qu'elle surpassât de beaucoup la valeur de la matière employée, l'industrie serait alors réputée la partie principale, et l'ouvrier aurait le droit de retenir la chose travaillée, en remboursant le prix de la matière au propriétaire.

572. Lorsqu'une personne a employé en partie la matière qui lui appartenait, et en partie celle qui ne lui appartenait pas, à former une chose d'une espèce nouvelle, sans que ni l'une ni l'autre des deux matières soient entièrement détruites, mais de manière qu'elles ne puissent pas se séparer sans inconvénient, la chose est commune aux deux propriétaires, en raison, quant à l'un, de la matière qui lui appartenait; quant à l'autre, en raison à la fois et de la matière qui lui appartenait et du prix de sa main-d'œuvre.

573. Lorsqu'une chose a été formée par le mélange de plusieurs matières appartenant à différents propriétaires, mais dont aucune ne peut être regardée comme la matière principale; si les matières peuvent être séparées, celui à l'insu duquel les matières ont été mélangées peut en demander la division.

Si les matières ne peuvent plus être séparées sans inconvénient, ils en acquièrent en commun la propriété, dans la proportion de la quantité, de la qualité et de la valeur des matières appartenant à chacun d'eux.

574. Si la matière appartenant à l'un des propriétaires était de beaucoup supérieure à l'autre par la quantité et le prix, en ce cas le propriétaire de la matière supérieure en valeur pourrait réclamer la chose provenue du mélange, en remboursant à l'autre la valeur de sa matière.

575. Lorsque la chose reste en commun entre les propriétaires des matières dont elle a été formée, elle doit être licitée au profit commun.

576. Dans tous les cas où le propriétaire, dont la matière a été employée à son insu à former une chose d'une autre espèce, peut réclamer la propriété de cette chose, il a le choix de demander la restitution de sa matière en même nature, quantité, poids, mesure et bonté, ou sa valeur.

577. Ceux qui auront employé des matières appartenant à d'autres et à leur insu, pourront aussi être condamnés à des dommages et intérêts, s'il y a lieu; sans préjudice des poursuites par voie extraordinaire, si le cas y échet.

TITRE TROISIÈME.

Loi du 9 pluviose an XII.

De l'Usufruit, de l'Usage et de l'Habitation.

CHAPITRE PREMIER.

De l'Usufruit.

Art. 578. L'usufruit est le droit de jouir des choses dont un autre a la propriété, comme le propriétaire lui-même, mais à la charge d'en conserver la substance.

579. L'usufruit est établi par la loi ou par la volonté de l'homme.

580. L'usufruit peut être établi, ou purement, ou à certain jour, ou à condition.

581. Il peut être établi sur toute espèce de biens meubles ou immeubles.

§ 1er. — *Des Droits de l'usufruitier.*

Art. 582. L'usufruitier a le droit de jouir de toute espèce de fruits, soit naturels, soit industriels, soit civils, que peut produire l'objet dont il a l'usufruit.

583. Les fruits naturels sont ceux qui sont le produit spontané de la terre. Le produit et le croît des animaux sont aussi des fruits naturels.

Les fruits industriels d'un fonds sont ceux qu'on obtient par la culture.

584. Les fruits civils sont les loyers des maisons, les intérêts des sommes exigibles, les arrérages des rentes.

Les prix des baux à ferme sont aussi rangés dans la classe des fruits civils.

585. Les fruits naturels et industriels, pendants par branches ou par racines au moment où l'usufruit est ouvert, appartiennent à l'usufruitier.

Ceux qui sont dans le même état au moment où finit

l'usufruit appartiennent au propriétaire, sans récompense de part ni d'autre des labours et des semences; mais aussi sans préjudice de la portion des fruits qui pourrait être acquise au colon partiaire, s'il en existait un au commencement ou à la cessation de l'usufruit.

586. Les fruits civils sont réputés s'acquérir jour par jour, et appartiennent à l'usufruitier, à proportion de la durée de son usufruit. Cette règle s'applique aux prix des baux à ferme, comme aux loyers des maisons et aux autres fruits civils.

587. Si l'usufruit comprend des choses dont on ne peut faire usage sans les consommer, comme l'argent, les grains, les liqueurs, l'usufruitier a le droit de s'en servir, mais à la charge d'en rendre de pareille quantité, qualité et valeur, ou leur estimation, à la fin de l'usufruit.

588. L'usufruit d'une rente viagère donne aussi à l'usufruitier, pendant la durée de son usufruit, le droit d'en percevoir les arrérages sans être tenu à aucune restitution.

589. Si l'usufruit comprend des choses qui, sans se consommer de suite, se détériorent peu à peu par l'usage, comme du linge, des meubles meublants, l'usufruitier a le droit de s'en servir pour l'usage auquel elles sont destinées, et n'est obligé de les rendre, à la fin de l'usufruit, que dans l'état où elles se trouvent, non détériorées par son dol ou par sa faute.

590. Si l'usufruit comprend des bois taillis, l'usufruitier est tenu d'observer l'ordre et la quotité des coupes, conformément à l'aménagement ou à l'usage constant des propriétaires; sans indemnité toutefois en faveur de l'usufruitier ou de ses héritiers, pour les coupes ordinaires, soit de taillis, soit de baliveaux, soit de futaie, qu'il n'aurait pas faites pendant sa jouissance.

Les arbres qu'on peut tirer d'une pépinière sans la dégrader ne font aussi partie de l'usufruit, qu'à la charge par l'usufruitier de se conformer aux usages des lieux pour le remplacement.

591. L'usufruitier profite encore, toujours en se conformant aux époques et à l'usage des anciens propriétaires, des parties de bois de haute futaie qui ont été mises en coupes

réglées, soit que ces coupes se fassent périodiquement sur une certaine étendue de terrain, soit qu'elles se fassent d'une certaine quantité d'arbres pris indistinctement sur toute la surface du domaine.

592. Dans tous les autres cas, l'usufruitier ne peut toucher aux arbres de haute futaie; il peut seulement employer, pour faire les réparations dont il est tenu, les arbres arrachés ou brisés par accident; il peut même, pour cet objet, en faire abattre, s'il est nécessaire, mais à la charge d'en faire constater la nécessité avec le propriétaire.

593. Il peut prendre dans les bois des échalas pour les vignes; il peut aussi prendre sur les arbres des produits annuels ou périodiques : le tout suivant l'usage du pays ou la coutume des propriétaires.

594. Les arbres fruitiers qui meurent, ceux mêmes qui sont arrachés ou brisés par accident, appartiennent à l'usufruitier, à la charge de les remplacer par d'autres.

595. L'usufruitier peut jouir par lui-même, donner à ferme à un autre, ou même vendre ou céder son droit à titre gratuit. S'il donne à ferme, il doit se conformer, pour les époques où les baux doivent être renouvelés et pour leur durée, aux règles établies pour le mari, à l'égard des biens de la femme, dans le titre *du Contrat de mariage et des Droits respectifs des époux*.

596. L'usufruitier jouit de l'augmentation survenue par alluvion à l'objet dont il a l'usufruit.

597. Il jouit des droits de servitude, de passage, et généralement de tous les droits dont le propriétaire peut jouir, et il en jouit comme le propriétaire lui-même.

598. Il jouit aussi, de la même manière que le propriétaire, des mines et carrières qui sont en exploitation à l'ouverture de l'usufruit; et néanmoins, s'il s'agit d'une exploitation qui ne puisse être faite sans une concession, l'usufruitier ne pourra en jouir qu'après en avoir obtenu la permission du gouvernement.

Il n'a aucun droit aux mines et carrières non encore ouvertes, ni aux tourbières dont l'exploitation n'est point encore commencée; ni au trésor qui pourrait être découvert pendant la durée de l'usufruit.

599. Le propriétaire ne peut, par son fait, ni de quelque manière que ce soit, nuire aux droits de l'usufruitier.

De son côté, l'usufruitier ne peut, à la cessation de l'usufruit, réclamer aucune indemnité pour les améliorations qu'il prétendrait avoir faites, encore que la valeur de la chose en fût augmentée.

Il peut cependant, ou ses héritiers, enlever les glaces, tableaux et autres ornements qu'il aurait fait placer, mais à la charge de rétablir les lieux dans leur premier état.

§ 2. — *Des Obligations de l'usufruitier.*

Art. 600. L'usufruitier prend les choses dans l'état où elles sont; mais il ne peut entrer en jouissance qu'après avoir fait dresser, en présence du propriétaire, ou lui dûment appelé, un inventaire des meubles et un état des immeubles sujets à l'usufruit.

601. Il donne caution de jouir en bon père de famille, s'il n'en est dispensé par l'acte constitutif de l'usufruit : cependant les père et mère ayant l'usufruit légal du bien de leurs enfants, le vendeur ou le donateur, sous réserve d'usufruit, ne sont pas tenus de donner caution.

602. Si l'usufruitier ne trouve pas de caution, les immeubles sont donnés à ferme ou mis en séquestre;

Les sommes comprises dans l'usufruit sont placées;

Les denrées sont vendues, et le prix en provenant est pareillement placé;

Les intérêts de ces sommes et les prix des fermes appartiennent, dans ce cas, à l'usufruitier.

603. A défaut d'une caution de la part de l'usufruitier, le propriétaire peut exiger que les meubles qui dépérissent par l'usage soient vendus, pour le prix en être placé comme celui des denrées; et alors l'usufruitier jouit de l'intérêt pendant son usufruit : cependant l'usufruitier pourra demander et les juges pourront ordonner, suivant les circonstances, qu'une partie des meubles nécessaires pour son usage lui soit délaissée, sous la simple caution juratoire, et à la charge de les représenter à l'extinction de l'usufruit.

604. Le retard de donner caution ne prive pas l'usufruitier

des fruits auxquels il peut avoir droit; ils lui sont dus du moment où l'usufruit a été ouvert.

605. L'usufruitier n'est tenu qu'aux réparations d'entretien.

Les grosses réparations demeurent à la charge du propriétaire, à moins qu'elles n'aient été occasionnées par le défaut de réparations d'entretien, depuis l'ouverture de l'usufruit, auquel cas l'usufruitier en est aussi tenu.

606. Les grosses réparations sont celles des gros murs et des voûtes, le rétablissement des poutres et des couvertures entières;

Celui des digues et des murs de soutènement et de clôture, aussi en entier.

Toutes les autres réparations sont d'entretien.

607. Ni le propriétaire, ni l'usufruitier, ne sont tenus de rebâtir ce qui est tombé de vétusté, ou ce qui a été détruit par cas fortuit.

608. L'usufruitier est tenu, pendant sa jouissance, de toutes les charges annuelles de l'héritage, telles que les contributions et autres qui, dans l'usage, sont censées charges des fruits.

609. A l'égard des charges qui peuvent être imposées sur la propriété pendant la durée de l'usufruit, l'usufruitier et le propriétaire y contribuent ainsi qu'il suit :

Le propriétaire est obligé de les payer, et l'usufruitier doit lui tenir compte des intérêts.

Si elles sont avancées par l'usufruitier, il a la répétition du capital à la fin de l'usufruit.

610. Le legs fait par un testateur, d'une rente viagère ou pension alimentaire, doit être acquitté par le légataire universel de l'usufruit dans son intégrité, et par le légataire à titre universel de l'usufruit dans la proportion de sa jouissance, sans aucune répétition de leur part.

611. L'usufruitier à titre particulier n'est pas tenu des dettes auxquelles le fonds est hypothéqué; s'il est forcé de les payer, il a son recours contre le propriétaire, sauf ce qui a été dit au titre *des Donations et Testaments*, article 1019.

612. L'usufruitier, ou universel, ou à titre universel, doit contribuer avec le propriétaire au paiement des dettes, ainsi qu'il suit :

On estime la valeur du fonds sujet à usufruit; on fixe ensuite la contribution aux dettes à raison de cette valeur.

Si l'usufruitier veut avancer la somme pour laquelle le fonds doit contribuer, le capital lui en est restitué à la fin de l'usufruit, sans aucun intérêt.

Si l'usufruitier ne veut pas faire cette avance, le propriétaire a le choix ou de payer cette somme, et dans ce cas l'usufruitier lui tient compte des intérêts pendant la durée de l'usufruit, ou de faire vendre jusqu'à due concurrence une portion des biens soumis à l'usufruit.

613. L'usufruitier n'est tenu que des frais des procès qui concernent la jouissance, et des autres condamnations auxquelles ces procès pourraient donner lieu.

614. Si pendant la durée de l'usufruit un tiers commet quelque usurpation sur le fonds, ou attente autrement aux droits du propriétaire, l'usufruitier est tenu de le dénoncer à celui-ci; faute de ce, il est responsable de tout le dommage qui peut en résulter pour le propriétaire, comme il le serait de dégradations commises par lui-même.

615. Si l'usufruit n'est établi que sur un animal qui vient à périr sans la faute de l'usufruitier, celui-ci n'est pas tenu d'en rendre un autre ni d'en payer l'estimation.

616. Si le troupeau sur lequel un usufruit a été établi périt entièrement par accident ou par maladie, et sans la faute de l'usufruitier, celui-ci n'est tenu envers le propriétaire que de lui rendre compte des cuirs ou de leur valeur.

Si le troupeau ne périt pas entièrement, l'usufruitier est tenu de remplacer, jusqu'à concurrence du croît, les têtes des animaux qui ont péri.

§ 3. — *Comment l'Usufruit prend fin.*

Art. 617. L'usufruit s'éteint par la mort naturelle et par la mort civile de l'usufruitier;

Par l'expiration du temps pour lequel il a été accordé;

Par la consolidation ou réunion sur la même tête des deux qualités d'usufruitier et de propriétaire;

Par le non-usage du droit pendant trente ans;

Par la perte totale de la chose sur laquelle l'usufruit est établi.

618. L'usufruit peut aussi cesser par l'abus que l'usufruitier fait de sa jouissance, soit en commettant des dégradations sur le fonds, soit en le laissant dépérir faute d'entretien.

Les créanciers de l'usufruitier peuvent intervenir dans les contestations, pour la conservation de leurs droits; ils peuvent offrir la réparation des dégradations commises, et des garanties pour l'avenir.

Les juges peuvent, suivant la gravité des circonstances, ou prononcer l'extinction absolue de l'usufruit, ou n'ordonner la rentrée du propriétaire dans la jouissance de l'objet qui en est grevé, que sous la charge de passer annuellement à l'usufruitier, ou à ses ayant-cause, une somme déterminée, jusqu'à l'instant où l'usufruit aurait dû cesser.

619. L'usufruit qui n'est pas accordé à des particuliers ne dure que trente ans.

620. L'usufruit accordé jusqu'à ce qu'un tiers ait atteint un âge fixe dure jusqu'à cette époque, encore que le tiers soit mort avant l'âge fixé.

621. La vente de la chose sujette à usufruit ne fait aucun changement dans le droit de l'usufruitier; il continue de jouir de son usufruit s'il n'y a pas formellement renoncé.

622. Les créanciers de l'usufruitier peuvent faire annuler la renonciation qu'il aurait faite à leur préjudice.

623. Si une partie seulement de la chose soumise à l'usufruit est détruite, l'usufruit se conserve sur ce qui reste.

624. Si l'usufruit n'est établi que sur un bâtiment, et que ce bâtiment soit détruit par un incendie ou autre accident, ou qu'il s'écroule de vétusté, l'usufruitier n'aura le droit de jouir ni du sol ni des matériaux.

Si l'usufruit était établi sur un domaine dont le bâtiment faisait partie, l'usufruitier jouirait du sol et des matériaux.

CHAPITRE II.

De l'Usage et de l'Habitation.

ART. 625. Les droits d'usage et d'habitation s'établissent et se perdent de la même manière que l'usufruit.

626. On ne peut en jouir, comme dans le cas de l'usufruit, sans donner préalablement caution, et sans faire des états et inventaires.

627. L'usager, et celui qui a un droit d'habitation, doivent jouir en bons pères de famille.

628. Les droits d'usage et d'habitation se règlent par le titre qui les a établis, et reçoivent, d'après ses dispositions, plus ou moins d'étendue.

629. Si le titre ne s'explique pas sur l'étendue de ces droits, ils sont réglés ainsi qu'il suit :

630. Celui qui a l'usage des fruits d'un fonds, ne peut en exiger qu'autant qu'il lui en faut pour ses besoins et ceux de sa famille;

Il peut en exiger pour les besoins même des enfants qui lui sont survenus depuis la concession de l'usage.

631. L'usager ne peut céder ni louer son droit à un autre.

632. Celui qui a un droit d'habitation dans une maison peut y demeurer avec sa famille, quand même il n'aurait pas été marié à l'époque où ce droit lui a été donné.

633. Le droit d'habitation se restreint à ce qui est nécessaire pour l'habitation de celui à qui ce droit est concédé, et de sa famille.

634. Le droit d'habitation ne peut être ni cédé ni loué.

635. Si l'usager absorbe tous les fruits du fonds, ou s'il occupe la totalité de la maison, il est assujetti aux frais de culture, aux réparations d'entretien, et au paiement des contributions, comme l'usufruitier.

S'il ne prend qu'une partie des fruits, ou s'il n'occupe qu'une partie de la maison, il contribue au prorata de ce dont il jouit.

636. L'usage des bois et forêts est réglé par des lois particulières.

Nota. — *En dehors des matières ci-dessus indiquées, le comité interrogera le surnuméraire sur différents points de service (manutention, comptabilité, perception, etc.) qui sont traités à leur place dans la seconde et la troisième partie, et lui fera faire telles opérations écrites qu'il croira nécessaires pour juger s'il est en état de faire un intérim.*

Le maximum de points à accorder est 8, et le Comité, à la fin du procès-verbal, fera connaître s'il a jugé le surnuméraire capable de régir un bureau par intérim.

Nogent-le-Rotrou, imprimerie de A. Gouverneur.

EN VENTE CH[illegible] [illegible]E MÊME ÉDITEUR.

LE BARON FRÉDÉRIC DE REIFFENBERG FILS.

JUVENILIA, poésies, 1 vol. in-8°, Bruxelles 1848

CHARLOTTE CORDAY, poésies, 1 vol. in-8°, Bruxelles 1849.

DE BRUXELLES A OSTENDE ou les *Trains de plaisir*, actualité-vaudeville en trois actes, en collaboration (représenté), 1850.

PÊCHES DE JEUNESSE, poésies, 1 vol. in-8°, Bruxelles 1851.

UN MONSIEUR QUI A PEUR, vaudeville en un acte, en collaboration 1 vol. in-12 (représenté) 1851.

PROMENADE AU SALON, 1 vol. in-8°, Bruxelles 1851.

LES DRAMES DU FOYER, 1 vol. format Charpentier en collaboration, Paris 1853.

GUILLAUME LE TACITURNE, poëmes, 1 vol. in-8°, Paris 1854.

LE TESTAMENT DU CZAR, drame en cinq actes, en collaboration avec M. Marenge, 1 vol. in-12, Bruxelles 1854.

DE LA LUMIÈRE S'IL VOUS PLAIT, folie-vaudeville en un acte, en collaboration, 1 vol. in-12 (représenté), Bruxelles et Rouen 1854.

LE DERNIER DES GNOMES, légende, 1 vol. in-8°, Paris 1855.

A PROPOS DE BOTTES, 1 vol. grand in-18, en collaboration avec M. Paul Auguez. Paris 1855.

PAUL AUGUEZ.

MODERNE ET ROCOCO, 1 vol. format diamant, Paris 1854,

PARFUMS ET CAPRICES, poésies, 1 vol. in-8°, Paris 1854.

APPEL AUX AMIS DE L'HUMANITE, 1 brochure in-8°, Paris 1854.

MIROIR DES CŒURS, 1 vol. in-18, Paris 1855.

SOUS PRESSE :

CE QUE C'EST QU'UNE ACTRICE, 1 vol. format diamant, par le baron Frédéric de Reiffenberg fils.

PARIS. — TYPOGRAPHIE MÉCANIQUE D'ADRIEN DELCAMBRE ET COMP., 15, RUE BREDA.

www.ingramcontent.com/pod-product-compliance
Ingram Content Group UK Ltd.
Pitfield, Milton Keynes, MK11 3LW, UK
UKHW021101260726
13994UKWH00002B/642